W0324559

Exotische Insekten, Tausendfüßer und Spinnentiere

Siegfried Löser

Exotische Insekten, Tausendfüßer und Spinnentiere

Eine Anleitung zur Haltung und Zucht

92 Farbfotos
36 Zeichnungen

E.U.
VERLAG
EUGEN
ULMER

Die Deutsche Bibliothek – CIP-Einheitsaufnahme

Exotische Insekten, Tausendfüßer und Spinnentiere:
eine Anleitung zur Haltung und Zucht /
Siegfried Löser. – Stuttgart: Ulmer, 1991
ISBN 3-8001-7239-9
NE: Löser, Siegfried

Das Werk einschließlich aller seiner Teile ist urheberrechtlich geschützt. Jede Verwertung außerhalb der engen Grenzen des Urheberrechtsgesetzes ist ohne Zustimmung des Verlages unzulässig und strafbar. Das gilt insbesondere für Vervielfältigungen, Übersetzungen, Mikroverfilmungen und die Einspeicherung und Verarbeitung in elektronischen Systemen.

© 1991 Eugen Ulmer & Co.
Wollgrasweg 41, 7000 Stuttgart 70 (Hohenheim)
Printed in Germany
Einbandgestaltung: Alfred Krugmann
Titelfoto: Dieter Schulten
Lektorat: Ulrich Commerell
Herstellung: Thomas Eisele
Satz: Steffen Hahn FotoSatzEtc., Kornwestheim
Druck und Bindung: F. Pustet, Regensburg

Vorwort

Wenn man als Wissenschaftler seine Erfahrungen im Umgang mit Gliederfüßern einem breiten Leserkreis zugänglich machen soll, dann entringt sich der Brust ein Seufzer. Zum einen empfinden viele Menschen gegen dieses »Ungeziefer« eine angeborene Abneigung, zum anderen ist es um das Allgemeinwissen über Insekten, Spinnentiere und Tausendfüßer schlecht bestellt. Der Autor eines solchen Buches muß beides berücksichtigen und hat es daher gegenüber seinen Kollegen von der Vogel- und Säugetierzunft weit schwerer. Hinzu kommt die Artenfülle. Die jetzigen Schätzungen von Fachleuten, die sich speziell mit der Erforschung dieser Tiergruppen in den tropischen Regenwäldern beschäftigen, liegen zwischen 10 und 80 Millionen Arten an Gliederfüßern; die Wirbeltiere machen nicht einmal 10 % aller Tierarten aus. Von den bisher beschriebenen Insekten-, Spinnen- und Tausendfüßerarten ist von den wenigsten die Biologie bekannt.

Erst mit dem Ferntourismus der letzten Jahre kamen hauptsächlich durch Liebhaber lebende Vertreter mancher Insektenarten nach Europa, von denen bisher nur Präparate in den Museen zu bestaunen waren. Durch das zunehmende Interesse an der Haltung und Zucht dieser Reisemitbringsel ergab sich bald ein »Markt« aus dem Überfluß geglückter Züchtungen. So gelangten diese Tiere auch in Zoologische Gärten und Museen; in einigen von ihnen wurden von Fachleuten Schauinsektarien eingerichtet. Dort kann heute den Besuchern eine Anzahl von Arten dieser bisher relativ unbekannten Tiergruppe ständig präsentiert werden. So entdeckten auch die Biologielehrer eine Chance, den Schülern eine schwierige Tiergruppe im lebendigen Unterricht vorzustellen. Häufig ist daher das Insektarium die meistbesuchte Abteilung in den Zoos und Museen.

Aus dem Wunsch nach einer übersichtlichen Zusammenschau über die Lebensweise und Haltungsmöglichkeiten exotischer Gliederfüßer, vor allem für Terrarianer, ist dieses Buch entstanden. Dennoch kann dieses Buch nur einen winzigen Bruchteil aus dem Riesenreservoir der Welt exotischer Gliederfüßer behandeln; es sollte niemand Vollkommenheit erwarten.

Die Beschäftigung mit der Haltung und Zucht exotischer Insekten, Spinnentieren und Tausendfüßern ist immer noch eine Domäne der Liebhaber, und mancher Liebhaber hat sich hier zum Spezialisten entwickelt. Ich bin froh, daß es so ist, denn wir müssen angesichts der fortschreitenden Zerstörung der tropischen Regenwälder durch Individuen unserer eigenen Art so viel wie möglich über diese Tiergruppen erfahren, ehe ihnen die Lebensgrundlagen entzogen werden.

Ich möchte mit diesem Buch auch einen Anstoß geben, der größten Tiergruppe der Erde künftig in den zoologischen Gärten mehr Aufmerksamkeit zu schenken: Sie ist in den meisten für die Volksbildung so wichtigen Einrichtungen entweder gar nicht vertreten oder völlig unterrepräsentiert!

Ich bedanke mich an dieser Stelle bei meinen in- und ausländischen Kollegen, sowie bei allen Liebhaberentomologen, die mir ihr Zuchtmaterial und ihre Erfahrungen bereitwillig zur Verfügung stellten. Ich hoffe, daß auch für sie dieses Buch von Interesse und Nutzen sein wird. Mein persönlicher Dank gilt dem museumstechnischen Assistenten Dieter Schulten und den Tierpflegern Heinz Schmuck und Rüdiger Bode, die mit unendlicher Geduld und Umsicht halfen, in den vielen Jahren die zahlreichen Zuchten aufzubauen und zu betreuen. Herr Schulten half mir außerdem bei der Stoffsammlung und Literaturbeschaffung und fertigte die Tierphotographien für die zahlreichen Abbildungen zu diesem Buch an.

Düsseldorf, im Sommer 1991
Dr. Siegfried Löser

Inhaltsverzeichnis

Tausendfüßer

Spinnentiere

Einleitung

Wer als Wissenschaftler, Pädagoge oder Liebhaber Wildtiere in seine Obhut nimmt, muß sich im klaren sein, wie er seinen Pfleglingen die natürlichen Umweltbedingungen ersetzt. Die Stichworte dafür sind: Haltung, Zucht und Pflege.

Wyniger (1974) gibt Anhaltspunkte, was man darunter zu verstehen hat: »Die Haltung von Gliederfüßern schließt alle Maßnahmen ein, die Individuen einer Art während einem oder mehreren Entwicklungsstadien voll lebensfähig erhalten, und zwar unter künstlichen, dem natürlichen Biotop jedoch weitgehend angepaßten Bedingungen. Der Entwicklungszyklus wird bei der Haltung nicht geschlossen, das heißt, es braucht im Sinne dieser Definition keine Fortpflanzung zu erfolgen. Als Zucht von Gliederfüßern versteht man die kontinuierliche Entwicklung und Fortpflanzung der Individuen einer Art im künstlichen, dem natürlichen Lebensraum weitgehend angepaßten Habitat. Unter Pflege sind die tägliche oder periodische Fütterung, die Reinhaltung und die Kontrolle von Gliederfüßern zu verstehen. Sie ist die Grundlage für die Zucht und Haltung unter künstlichen Bedingungen.«

Angesichts der globalen Zerstörung tropischer Lebensräume und dem damit verbundenen Aussterben vieler Arten muß gefordert werden, daß künftig bei der Haltung von tropischen Gliederfüßern der Schwerpunkt auf die Zucht gelegt wird. Die Haltung allein zur Befriedigung der Schaulust sollte künftig die Ausnahme bleiben. Einem Liebhaber, der mit der Haltung von Gliederfüßern beginnt, sind seine Beobachtungen meist auch der Anreiz zu genaueren Untersuchungen. Ohne großen technischen Aufwand sind Beobachtungsergebnisse über das Aussehen, das Verhalten, die Vermehrungsrate, die Generationsfolgen und über die Entwicklung einer Art zu erhalten. Um solche Ergebnisse Gleichgesinnten und der Wissenschaft zugänglich zu machen, bedarf es der Veröffentlichung in schriftlicher Form. Ein sehr positives Beispiel sei hier angeführt: Die englische Gruppe zur Erforschung der Gespenstschrecken »The Phasmid Study Group«. Sie ist ein Zusammenschluß von Insektenliebhabern, die ihre Erfahrungen in einer eigenen Zeitschrift dokumentieren (The Phasmid Study Group Newsletter – ISSN 0268-3806). In Deutschland gibt es ähnliche Gruppen, die über ihre Beobachtungen bisher aber meist nur mündlich berichtet haben.

Ein Problem ist die wissenschaftliche Namensgebung. Sie ist die einzige Möglichkeit, sich international über eine Art verständigen zu können. Der Name besteht immer aus zwei Namen (binäre Nomenklatur), die entweder der griechischen oder lateinischen Sprache entstammen. Der erste Name steht für die

Abbildung 1:
Die Gruppen der Gliederfüßer und ihre Gestalt.

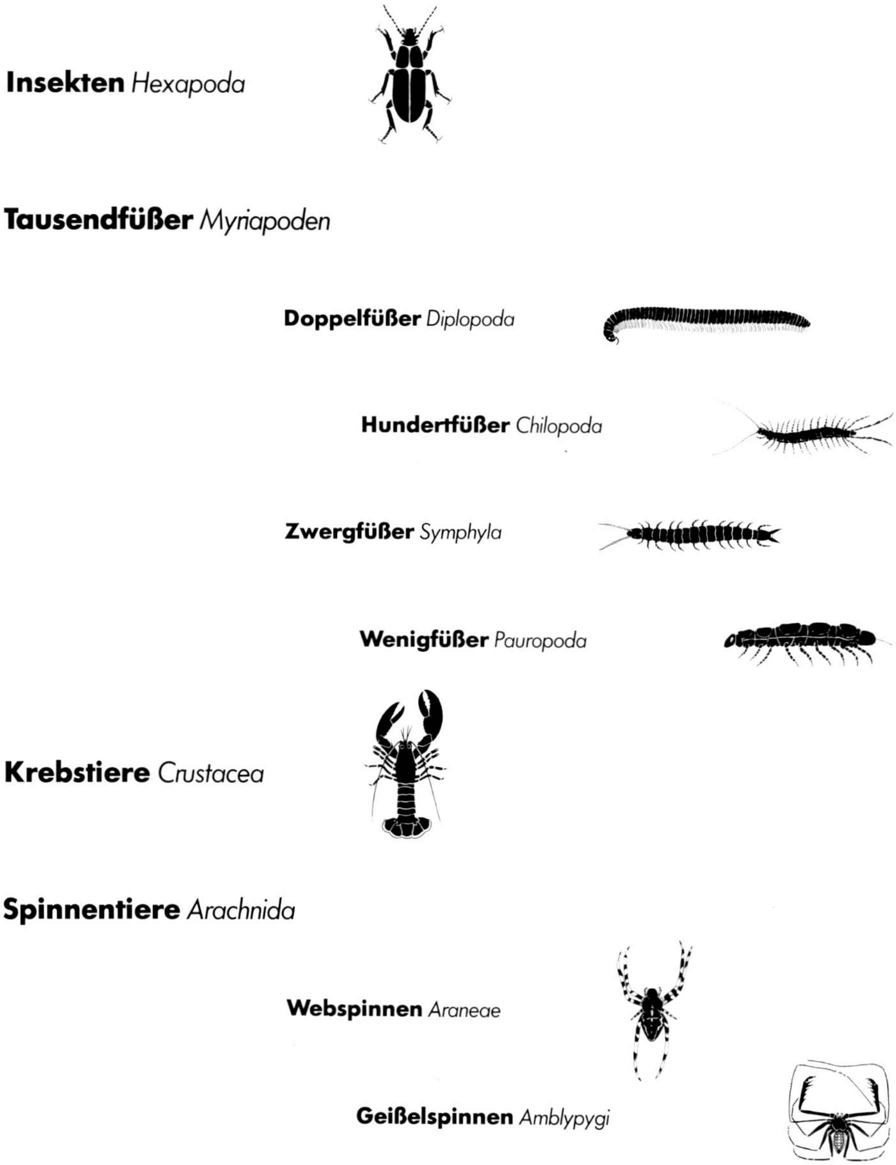

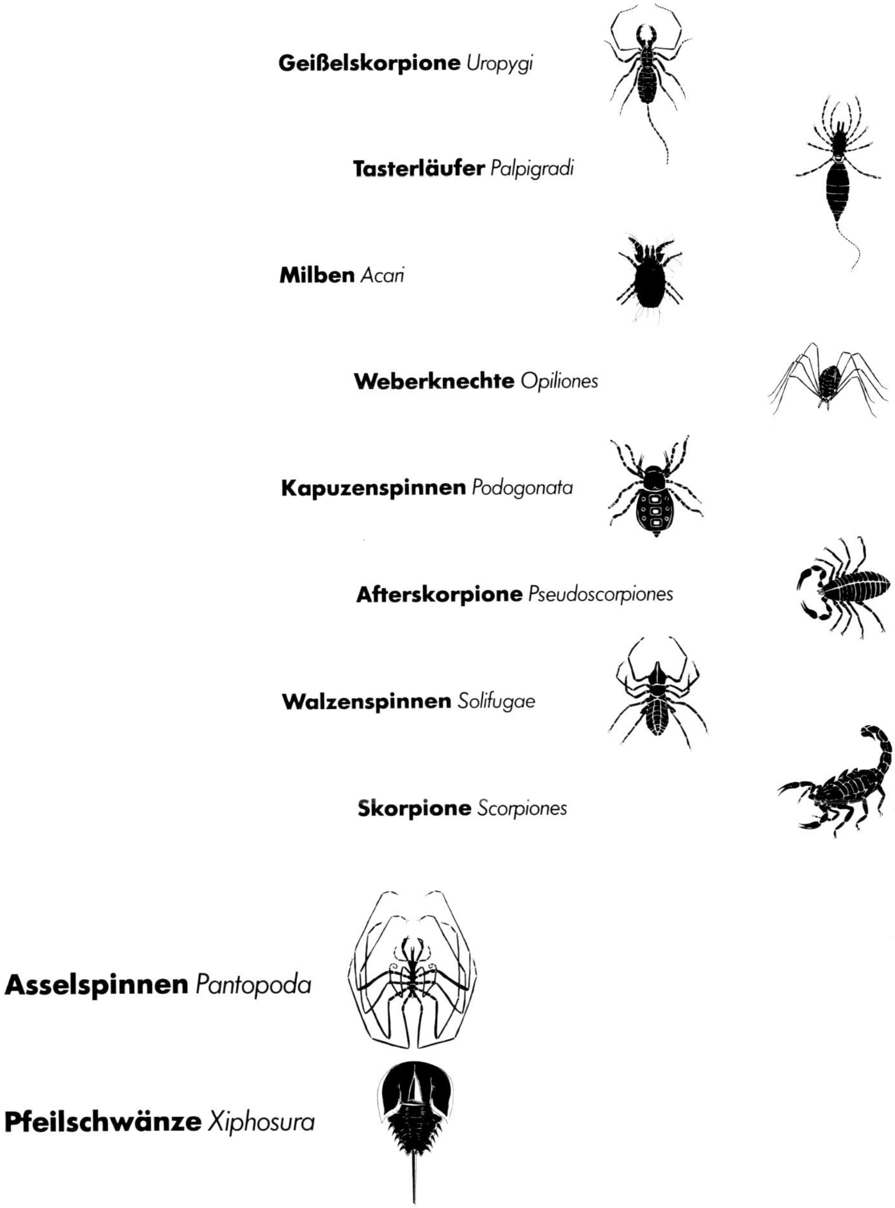
Geißelskorpione *Uropygi*
Tasterläufer *Palpigradi*
Milben *Acari*
Weberknechte *Opiliones*
Kapuzenspinnen *Podogonata*
Afterskorpione *Pseudoscorpiones*
Walzenspinnen *Solifugae*
Skorpione *Scorpiones*
Asselspinnen *Pantopoda*
Pfeilschwänze *Xiphosura*

Gattung und der zweite für die Art. Er ist international bindend und darf nur einmal vergeben werden.

Der Artbegriff wird gegenwärtig von den Wissenschaftlern nach zwei unterschiedlichen Definitionen verwendet. Es gibt den typologischen und den biologischen Artbegriff. Nach dem typologischen Artbegriff gehören alle Individuen zu einer Art, die in ihren Merkmalen untereinander und mit ihren Nachkommen übereinstimmen. Wesentliche Merkmale sind dabei die äußere Gestalt und die Gestaltung der Organsysteme und Organe (morphologische Merkmale).

Nach dem biologischen Artbegriff zählt man alle Individuen, die voneinander abstammen, deren Erbanlagen sehr ähnlich sind (Fortpflanzungsgemeinschaft) und die sich unter natürlichen Bedingungen aus genetischen, anatomischen, räumlichen oder ökologischen Gründen nicht mit anderen Individuen im gleichen Lebensraum fortpflanzen, zu einer Art. Das entscheidende Kriterium ist nicht die Fruchtbarkeit von Individuen, sondern die Fortpflanzungsisolation von Populationen (Mayr 1967). Die Familien- und Gattungszugehörigkeit vieler Arten ist strittig. Darum möge man mir verzeihen, wenn von anderen Autoren die hier getroffene Namensgebung verworfen wird.

Der Stamm der Gliederfüßer ist umfangreich. Ich stelle hier nur die Gruppen und ihre Gestalt vor (Abb. 1). Die Größenangaben im Text beziehen sich, wenn nicht anders angegeben, auf das Maß Kopf-Hinterleibsende. Die Angaben zu den Faktoren Wärme, Licht und Feuchtigkeit sind empirische Werte, also aus der Erfahrung heraus gewonnen und unterliegen keinem Dogma. Die Behältnisse zur Zucht und Haltung sind auch nur beispielhaft und dienen der Anregung, sie zu verbessern.

Gliederfüßer

Insekten, Tausendfüßer, Spinnentiere und Krebse gehören zu den Gliederfüßern. Ihre gegliederten und durch Gelenke beweglichen Körperanhänge (Fühler, Mundwerkzeuge, Beine), die Arthropodien (griechisch: arthron = Glied, podes = Füße), gaben dem Tierstamm den Namen: Gliederfüßer – Arthropoda.

Stellung im Tierreich

Die Gliederfüßer bilden den größten Tierstamm überhaupt. Die relativen Verhältnisse der Anzahl der bisher beschriebenen Arten auf der Erde gibt die folgende Abbildung wieder (Abb. 2). Die Fläche des größten Kreises entspricht 100 %. Jeder der anderen Kreise repräsentiert einen prozentualen Anteil des größten Kreises. Die meisten Gliederfüßer sind Insekten und davon wieder sind die Käfer die größte Gruppe (Arnett 1985).

Körperbau

Ein weiteres gemeinsames Merkmal der Gliederfüßer ist das Außenskelett. Eine Oberhaut, die Cuticula, wird von den Unterhautzellen abgeschieden und schließt das Tier lückenlos in einen Panzer ein. Die Cuticula der Gliederfüßer enthält neben einem Gerüsteiweiß (Arthropodin) einen der Zellulose verwandten Stoff, das Chitin. Das Arthropodin liefert eine hohe Festigkeit, das Chitin eine entsprechende Biegsamkeit. Um beweglich zu bleiben, wird, ähnlich wie bei den mittelalterlichen Ritterrüstungen, der Panzer des Körpers ebenso wie der der Gliedmaßen in miteinander abwechselnde, harte Platten (Sklerite) und weichere, elastische Gelenkhäute aufgeteilt. Die Sklerite erhalten ihre Härte durch Kalkeinlagerung oder durch gegerbtes Arthropodin (Sklerotin). Die Gelenkhäute bestehen nur aus Chitin und sind als leicht verletzliche Teile meist nach innen eingefaltet und so von den Skleriten verdeckt. Die stark beanspruchten Gelenkköpfe, Gelenkpfannen und Gleitschienen sind sklerotisiert. Als Anheftungsstelle für die Muskeln dient der Panzer, der dadurch über die Schutzfunktion hinaus zum Außenskelett wurde (nach Zissler 1980).

Die inneren Organe durchziehen den äußerlich in Abschnitte (Segmente) unterteilten Körper. Das Nervensystem liegt in einem Strang vom Kopf bis ans Hinterende auf der Bauchseite des Körpers (Bauchmark). Das Blut zirkuliert offen durch den gesamten Körper und wird durch ein pulsierendes Rückengefäß (Rückenherz) in Bewegung gehalten, so daß es alle Organe erreicht.

Abbildung 2:
Die relativen Verhältnisse der Anzahl der bisher beschriebenen Arten auf der Erde (Erläuterung im Text).

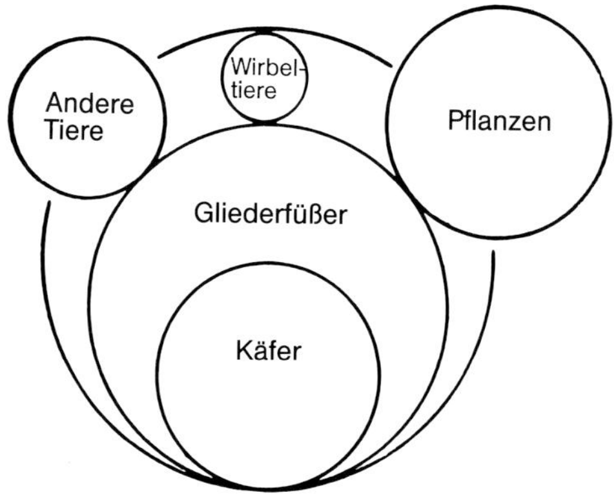

Wachstum

Das Wachstum erfolgt durch Häutung. Unter dem leblosen Panzer wird eine neue Cuticula gebildet, die erst nach dem Abstreifen der alten Haut (Exuvie) so lange gedehnt wird, bis sie durch die Berührung mit der Luft erhärtet. Nur in diesem kurzen Zeitraum ist Wachstum bei den Gliederfüßern möglich. Viele Gliederfüßer häuten sich Zeit ihres Lebens, manche stellen mit dem Erreichen der Geschlechtsreife ihr Wachstum ein, und das Vollinsekt (Imago) hat nach der letzten Häutung der Jugendentwicklung seine endgültige Größe erreicht.

Giftstoffe

Wenn man von »giftigen Tieren« spricht, so bezieht sich die Giftigkeit in der Regel auf eine der menschlichen Gesundheit schädliche Einwirkung. Die Giftigkeit eines Tieres gereicht ihm selbst zum Vorteil und ist nicht ausschließlich gegen den Menschen gerichtet. Sie richtet sich als Schutz gegen Freßfeinde und Störenfriede in der unmittelbaren Umwelt und dient der Betäubung und Verdauung der Beute. Bei den Gliederfüßern finden wir als Gifte Wehr- und Verdauungssekrete, sowie Duftstoffe.

Viele gesellig lebende und auch Staaten bildende Insekten haben einen sogenannten »Stallgeruch«, damit sie sich als zusammengehörig erkennen können. Als Beispiel seien hier die Schaben genannt. Der sogenannte Schabengeruch wirkt beim Menschen insofern als Gift, als er Allergien der Schleimhäute und auf der Haut auslöst.

Wehrsekrete finden wir hauptsächlich bei den Doppelfüßern (Tausendfüßer) und den Insekten. Neben ebenfalls Allergien erzeugenden Sektreten findet man Substanzen, die übel riechen, schlecht schmecken oder stark ätzen, wie zum Beispiel Blausäure, Buttersäure und Chlorverbindungen u. a.

Verdauungssekrete sind häufig auch Wehrsekrete. Die Familie der Vogelspinnen verdaut ihre Nahrung außerhalb des Körpers vor dem Mund. Ein ergriffenes Nahrungstier wird über die Giftklauen mit Sekret vollgepumpt. Das Sekret zersetzt Eiweiß und Fett zu einem flüssigen

Brei. Bei der Abwehr eines Störenfrieds durch einen Biß gelangt das Sekret in die Wunde und erzeugt auf Grund seiner Eigenschaften schmerzhafte Entzündungen. Bei anderen Spinnen (z. B. der Schwarzen Witwe), bei Skorpionen und Hundertfüßern enthält das Sekret noch zusätzliche Nervengifte, um die Beute zu lähmen. Bisse von solchen Tieren können auch beim Menschen lebensgefährliche Folgen haben. Beim Umgang mit diesen Gliederfüßern ist daher höchste Vorsicht geboten.

Da viele Spinnengifte das Atemzentrum lähmen, sind Morphin und seine Derivate kontraindiziert. Bei schwerem Schock und Schleimhautschwellungen der oberen Atemwege sind Kortikoide in Initialdosen bis zu 500 mg Prednisolon-Äquivalent angezeigt. Die Behandlungsdauer mit absteigenden Dosen sollte drei bis fünf Tage nicht überschreiten (SCHMIDT 1987).

Die folgenden **Abwehrmittel** von Gliederfüßern sind zwar nicht als Gifte zu bezeichnen, aber sie verursachen beim Menschen unter Umständen ebenfalls unangenehme Reize. Es sind dies die Haare von Vogelspinnen und Insekten. Eine ganze Reihe von Vogelspinnen bürstet sich bei Gefahr vom Hinterleib mit Widerhäkchen versehene Härchen ab und verwirbelt sie. Gelangen diese Härchen in die Atemwege, so verursachen sie Hustenreiz und ein Anschwellen der Schleimhäute. Bei behaarten Insekten besteht immer die Gefahr, daß durch die Haare Allergien ausgelöst werden können. Ein besonderer Fall sind die Brennhaare vieler Schmetterlingsraupen, die auf der menschlichen Haut die gleichen Reizungen hervorrufen wie beim Berühren einer Brennessel.

Welche Tierart giftig ist und wie sie ihr Gift einsetzt, sowie die Giftwirkung auf den Menschen wird bei jeder Art im einzelnen besprochen.

Krankheiten

Hier sollen nur diejenigen Krankheiten von Gliederfüßern beschrieben werden, die häufig bei falscher Haltung und bei Wildfängen auftreten. Auch hier muß auf Vollständigkeit verzichtet werden, da das Wissen über solche Krankheiten lükkenhaft ist und auch die Forschung auf diesem Gebiet meist nur unter medizinischen Gesichtspunkten betrieben wird. Einen grundlegenden Einblick in die Viren-, Ricketsien- und Bakterieninfektionen bei Insekten bietet die Fachliteratur (KRIEG, 1961).

Viren, Ricketsien und Bakterien sind für die Halter und Züchter von Gliederfüßern unsichtbare Krankheitserreger, die häufig innerhalb kurzer Zeit zum unerklärlichen Tod der Pfleglinge führen. Sie befallen die inneren Organe und zersetzen diese. Ebenso verursachen sie Darmerkrankungen wie Dysenterie, Enteritis und Darmparalyse. Dabei durchdringen sie die Darmwand, überschwemmen das Blut und dringen in die Atmungsorgane ein. Die meisten dieser Krankheitserreger werden mit der Nahrung aufgenommen.

Einen Einfluß auf den Verlauf der Infektionskrankheiten hat das Klima. Da die Gliederfüßer wechselwarme (poikilotherme) Tiere sind, hängen sowohl die natürlichen Lebensfunktionen als auch der Verlauf der Infektionskrankheiten von der Temperatur ab. Damit bietet sich dem Halter eine Möglichkeit, seinen Pfleglingen zu helfen. Durch Veränderung der Haltungstemperatur nach oben oder unten ist es möglich, die Krankheitserreger zu inaktivieren, denn die Temperaturtoleranz ist beim Erreger in der Regel niedriger als beim Kranken.

Als weitere Krankheitserreger der Gliederfüßer kommen Pilze in Frage. Das Pilzgeflecht wächst an Wunden und dringt durch diese unnatürliche Körperöffnung in das Tier ein, wo es sich ausbreitet und langsam zum Tod führt. Davon sind insbesondere Vogelspinnen betroffen, wenn sie Häutungsschwierigkeiten im Bereich des Hinterleibes hatten oder im Alter ihre Haut nicht mehr sauber halten können. Gegen Pilzbefall ist es wichtig, den Käfig regelmäßig von Kot und Nahrungsresten zu säubern.

Einen Überblick über die oben besprochenen Krankheitserreger und deren Wirte gibt die untenstehende Tabelle. Während diese Krankheitserreger in der Regel in den Zuchten hin und wieder auftauchen, gibt es noch eine Reihe von Parasiten, die mit einem Wildfang eingeschleppt werden und erst nach Wochen zum Tod des Tieres führen.

Verbreitung von Infektionserregern bei Gliederfüßern

Wirte	Viren	Rickettsien	Bakterien	Pilze
Spinnentiere			+	+
Tausendfüßer			+	
Heuschrecken		+	+	+
Wanzen		+	+	+
Hautflügler	+		+	+
Schmetterlinge	+		+	+
Käfer		+	+	+

(nach KRIEG 1961)

Dazu gehören **Fadenwürmer, Schlupfwespenlarven und Raupenfliegenmaden**. Die Fadenwürmer vermehren sich massenhaft im Innern der Tiere. Das Tier wird immer matter und wenn es stirbt, werden Tausende von kleinen Würmchen sichtbar, die auf der Suche nach einem neuen Opfer die Leiche verlassen. Schlupfwespen legen ihre Eier häufig außen an den Körper des Wirtes ab, wo man sie mit einer Lupe entdecken und absammeln kann. Ist die Larve aber schon in den Körper eingedrungen, gibt es für das Tier keine Rettung mehr. Raupenfliegenmaden bohren den Wirt an und saugen ihn aus. Die Maden und später dann die Puppen stehen von der Körperoberfläche ab, so daß auch hier beim Absuchen die Parasiten mit dem bloßen Auge entdeckt werden können.

Gesetzliche Bestimmungen

Grundsätzlich ist eine artgerechte Haltung von Tieren zu fordern. Dies ist in den gesetzlichen Bestimmungen zur Haltung von Wildtieren in Gefangenschaft oberstes Gebot. Da aber der Mensch die Natur nur unzureichend nachahmen kann, läßt sich diese Forderung nur teilweise erfüllen. Richtschnur für jegliche Haltung von Wildtieren muß aber sein, daß sich der Halter seinen Fähigkeiten entsprechend über die Biologie, die Umwelt und das Verhalten seiner Zöglinge sachkundig macht, bevor er sie in seine Obhut nimmt. Das kann auf mehrere Arten geschehen, entweder mit Hilfe der Fachliteratur oder über Informationsmöglichkeiten in den terraristischen und entomologischen Vereinen, in Museen und Zoologischen Gärten.

Bevor man Tiere erwirbt, muß man sich über das Herkunftsland, die geographische Region und wenn möglich über den Lebensraum vom Verkäufer oder Züchter informieren lassen. Sind genauere Angaben nicht zu erhalten, dann ist es besser, die angebotenen Tiere nicht in Obhut zu nehmen, da ein Experimentieren in der Regel zum Tod der Zöglinge führt.

Wichtig ist auch die zutreffende Bestimmung des Tieres. Zum Namen gehört die ortsübliche Bezeichnung (Trivialname) und der wissenschaftliche Name, den man aus Bestimmungsbüchern erfährt. Ohne den wissenschaftlichen Namen ist die Veröffentlichung von Zuchterfolgen wertlos.

Die Einfuhr exotischer Gliederfüßer regelt das Washingtoner Artenschutzabkommen. Unter den Schutz dieses Abkommens fallen einige tropische Schmetterlingsarten und eine Vogelspinnenart. Die hier aufgeführten Arten sollte man nur zu wissenschaftlichen Zwecken einführen. Nach dem Stand vom 18. 1. 1990 sind dies:

Abbildung 3 (rechte Seite):
Schematischer Grundbauplan der Insekten
- Herz und Blutgefäße
- Atemorgane
- Magen und Darm
- Nervenstränge, Bauchmark

Schmetterlinge (Lepidoptera)
Ornithoptera ssp. (Vogelflüglerarten, Ornithoptera)
Trogonoptera ssp. (Vogelflüglerarten, Ornithoptera)
Troides ssp. (Vogelflüglerarten, Ornithoptera)
Bhutanitis ssp. (Ritterfalter, Papilionidae)
Teinopalpus ssp. (Ritterfalter, Papilionidae)
Papilio chikae (Ritterfalter, Papilionidae)
Papilio homerus (Ritterfalter, Papilionidae)

Echte Spinnen (Araneae)
Euathlus smithi (Rotknievogelspinne, Theraphosidae)

Artenlisten und gesetzliche Bestimmungen zur Einfuhr und zum Handel mit WA-Tieren ändern sich häufig. Informationen darüber erhält man beim Bundesminister für Umwelt, Naturschutz und Reaktorsicherheit, Postfach 12 06 29, Bonn 1, oder bei den zuständigen Naturschutzbehörden der Länder und Gemeinden.

Den Naturschutz- und Zollbehörden liegen Listen mit den vom Bundesminister für Umwelt, Naturschutz und Reaktorsicherheit anerkannten Sachverständigen für Insekten vor. Diese Sachverständigen können im Zweifelsfall für Bestimmungshilfen in Anspruch genommen werden.

Beschreibung der Arten

Insekten (Insecta, Hexapoda)

Die hochentwickelten Insekten bilden die artenreichste Tiergruppe. Nach neuesten Hochrechnungen sind auf Grund von Untersuchungen der Smithonian Institution im tropischen Regenwald Amazoniens mehr als 50 Millionen Arten weltweit zu erwarten. Bei tropenökologischen Untersuchungen sind bisher 60 bis 70 % der gesammelten Arten für die Wissenschaft neu.

Trotz mannigfaltiger Abwandlung ist der Grundbauplan meist gut erkennbar (Abb. 3). So sind die Körpersegmente der erwachsenen, geschlechtsreifen Insekten meist deutlich in einen Kopf-, Brust- und Hinterleibsabschnitt gruppiert. Nur die drei Brustsegmente besitzen je ein Beinpaar und die beiden hinteren in der Regel je ein Paar Flügel. Am Kopf sitzen Komplexaugen (Facettenaugen), Einzelaugen (Punktaugen oder Ocellen), ein Paar Fühler und Mundwerkzeuge.

Das Atmungsorgan der Insekten ist ein paarig angelegtes, meist weitverzweigtes Röhrensystem (Tracheensystem), das seinen Anfang an den beidseitig am Körper gelegenen Atemlöchern (Stigmen) nimmt. Die einzelne Trachee

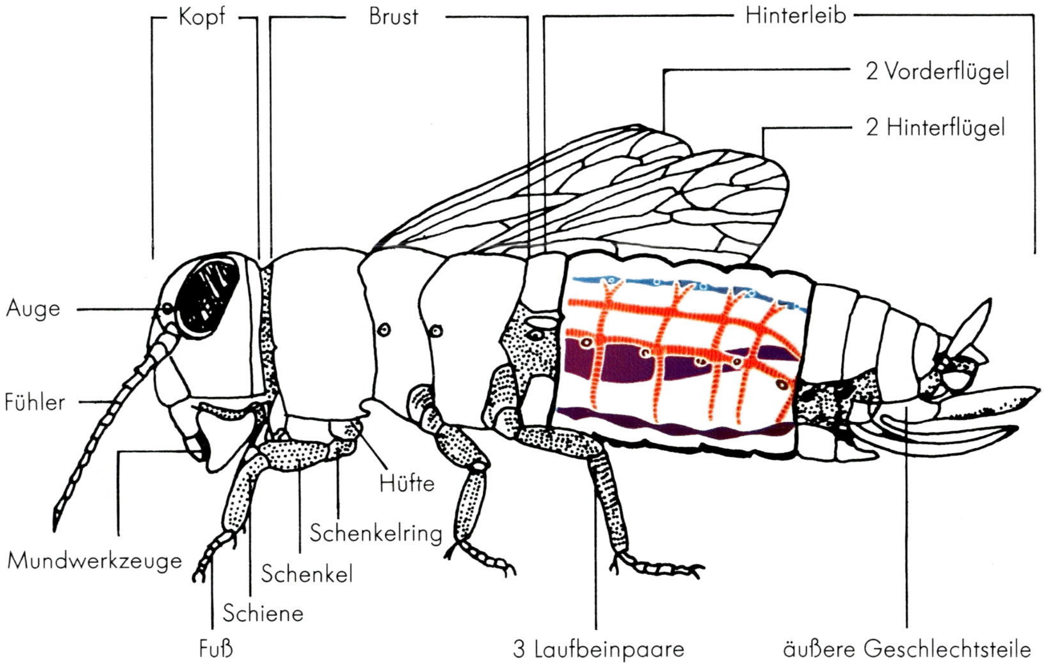

Abbildung 4:
Bauplan der Schaben (Blattariae), schematisch.

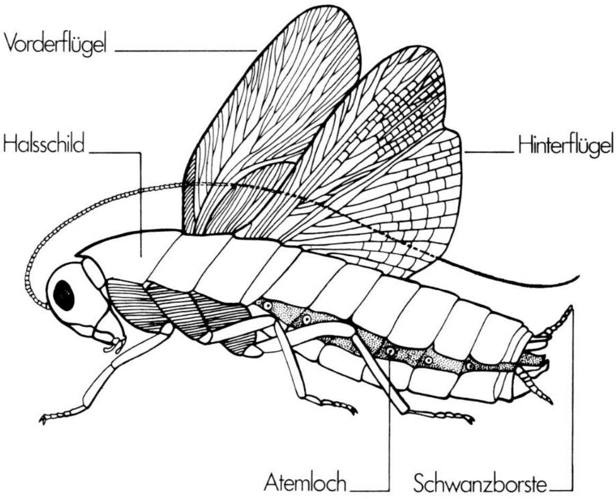

ist ein elastisches Röhrchen, das innen mit einer dünnen oder mit einer ring- oder spiralförmigen Chitinschicht ausgekleidet ist.

Die Jugendstadien sind oft einfach gebaut und werden meist durch eine Verwandlung (Metamorphose) zum flug- und fortpflanzungsfähigen Insekt, der Imago (nach ZISSLER 1980). Es gibt zwei Formen der Verwandlung: die unvollkommene (Hemimetabolie) und die vollkommene (Holometabolie). Bei der unvollkommenen Verwandlung sehen die Larven (Nymphen) bereits der Imago ähnlich und das letzte Larvenstadium häutet sich zur Imago. Bei der vollkommenen Verwandlung sind die Larvenstadien der Imago völlig unähnlich. Zwischen dem letzten Larvenstadium und der Imago ist ein Ruhestadium, die Puppe, eingeschoben. Erst in der Puppe vollzieht sich die Umwandlung zum Vollinsekt.

Schaben (Blattariae)

Amerikanische Schabe
Periplaneta americana (Blattidae)

Verbreitung: weltweit (Kosmopolit)
Lebensraum: oberste Bodenschicht, Kraut- und Strauchvegetation
Größe: Weibchen 4 cm, Männchen 3 cm
Nahrung: Allesfresser
Larven: Allesfresser
Entwicklungsdauer: im Ei ca. 5 Wochen, Larven 8 Monate
Lebensdauer: 9 bis 10 Monate

Amerikanische Schabe *(Periplaneta americana).*

Die Amerikanische Schabe wurde vermutlich im 17. Jahrhundert aus Kuba mit Zuckerrohr verschleppt (Jacobs & Renner 1988). Alle Stadien sind rotbraun gefärbt. Bei den Männchen reichen die Flügel bis zum Hinterleibsende, bei den Weibchen ragen sie über das Hinterleibsende hinaus.

Biologie: Die Amerikanische Schabe ist ein Kulturfolger und hält sich überall da auf, wo sie die Umweltbedingungen ihrer Stammheimat vorfindet, ein warmes und feuchtes Klima. Ihre gesamte Aktivität spielt sich nachts ab. Sie wandert auf Nahrungssuche umher und klettert dabei auch auf Pflanzen. Notfalls versucht sie auch im Flug die Nahrungsquellen zu erreichen. Tagsüber verstecken sich die Tiere unsichtbar in flache Ritzen in Bodennähe oder direkt in der Bodenauflage.

Die Eier werden in einem von erhärtetem Drüsensekret gebildeten Eikokon (Oothek, Eikapsel) abgelegt. In der Eikapsel liegen die Eier in zwei gegeneinander verschobenen Zeilen zu je 6 bis 16 Stück. Die Eikapsel entsteht im Laufe eines Tages, ist zunächst weiß und wird

Abbildung 5:
Plastikaquarium mit Deckel.

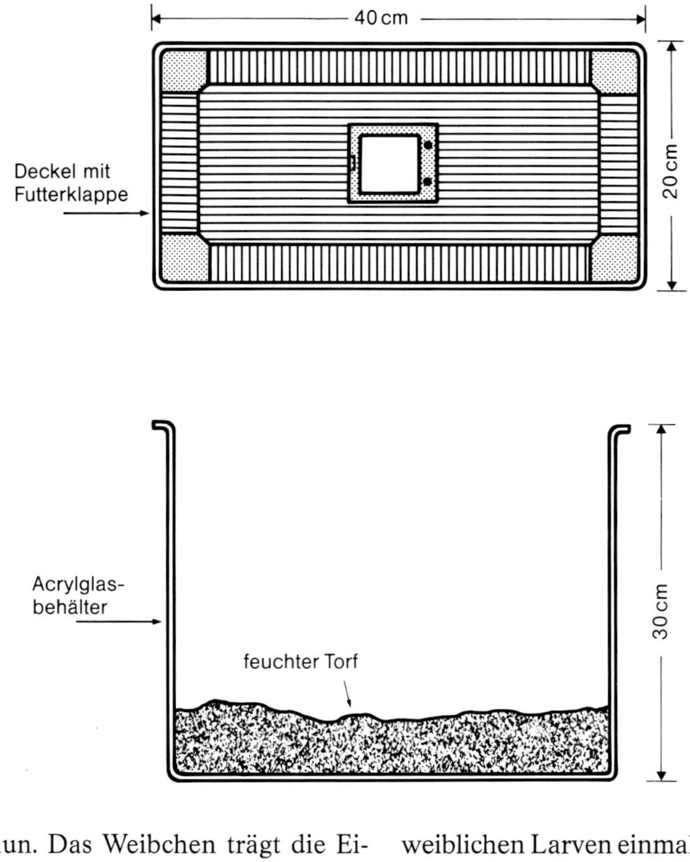

dann braun. Das Weibchen trägt die Eikapsel bis zu 25 Stunden in der Genitaltasche am Hinterleibsende mit sich herum, bevor sie sie sorgfältig in Ritzen versteckt (Webb, A. & W. 1987).

Die ersten Larvenstadien sind winzig und ganz flach; die Larven können daher in die kleinsten Zwischenräume eindringen. Die Verwandlung ist unvollkommen: bis zur erwachsenen Schabe werden 9 bis 13 Larvenstadien durchlaufen, wobei sich die weiblichen Larven einmal mehr häuten als die männlichen. Jungfräuliche Weibchen sondern einen Sexuallockstoff ab, der schon in sehr geringer Konzentration die Männchen anlockt und zur Balz anregt (Jacobs & Renner 1988).

Bei beiden Geschlechtern sind Stinkdrüsen vorhanden, die der Abwehr dienen. Die Männchen haben eine kürzere Lebenserwartung als die Weibchen.

Haltung und Zucht: Zur Unterbringung eignet sich jeder glattwandige Behälter mit dicht schließendem Deckel, wie ein Glas- oder Plastikaquarium (Abb. 5).

Der größte Teil des Deckels soll zur Belüftung mit Fliegendraht bespannt sein. Die Einrichtung besteht aus mehreren Lagen Eierkartons, die man auf eine lockere, 3 cm hohe Schicht aus feuchtem Torf-Sand-Gemisch stellt (FRIEDERICH & VOLLAND 1981).

Die optimale Temperatur liegt zwischen 25 und 30 °C. Die Luftfeuchtigkeit darf nicht unter 60 % absinken. Um diese Luftfeuchtigkeit zu halten, muß das Torf-Sand-Gemisch regelmäßig angefeuchtet werden. Da die Schaben lichtscheu sind, braucht man keine Zusatzleuchte zum Tageslicht. Für die Wärmeerzeugung genügt ein Rotlichtstrahler, wenn kein Raum mit der geforderten Grundwärme zur Verfügung steht. Die Schaben sind als Allesfresser nicht wählerisch. Um den Flüssigkeitsbedarf zu decken, verfüttert man Salate, Früchte oder Gemüse. Bevor man die Amerikanische Schabe züchtet, ist es erforderlich, sich selbst und diejenigen, die ebenfalls mit den Schaben in Berührung kommen, auf allergische Reaktionen gegen die Sexual- und Abwehrsekrete dieser Schabenart zu testen.

Madagassische Riesenschabe
(Madagassische Fauchschabe)
Gromphadorrhina portentosa (Panchloridae)

Verbreitung: Madagaskar
Lebensraum: Baum- und Strauchvegetation
Größe: Weibchen 60 mm, Männchen 55 mm
Nahrung: krautige Pflanzenteile, Früchte
Larven: krautige Pflanzenteile, Früchte
Entwicklungsdauer: im Ei 55 Tage, Larven ca. 4 Monate
Lebensdauer: langlebig

Die Fauchschabe ist flügellos. Der Hinterleib ist braun, die hinteren Brustringe und der Halsschild sind braunschwarz gefärbt. Beim Männchen befinden sich seitlich von der Mitte des Halsschildes zwei kegelförmige Erhebungen, die, wenn sie recht groß ausfallen, wie kleine Hörner aussehen. Bei den Weibchen ist der Halsschild glatt.

Die Larven sind unterschiedlich gefärbt. Fast bis zum letzten Larvenstadium sind die Körperseiten gelbbraun abgesetzt. Die Färbung entlang der Körpermitte reicht von hellbraun bis braunschwarz. Der Halsschild ist immer schwarzbraun gefärbt.

Biologie: Die Verwandlung ist unvollkommen. Die Art hält sich vorwiegend im Stammbereich der Bäume und im

Madagassische Riesenschabe *(Gromphadorrhina portentosa)*,
im Vordergrund Männchen (oben),
Weibchen (unten).

Geäst der Sträucher auf. Sie sind auch im Halbdunkel aktiv. Die Weibchen tragen die Eikapseln bis zum Schlüpfen der Larven in der Genitaltasche umher (»lebendgebärend«).

Bei Gefahr und besonders bei einer Berührung stoßen die Schaben ein fauchend-zischendes Geräusch aus, das durch das plötzliche Zusammenpressen des Leibes und der dabei durch die Atemöffnungen schnell entweichenden Luft entsteht.

Dieses Verhalten löst beim Freßfeind wie beim Menschen eine Schreckreaktion aus. Larven und erwachsene Schaben leben gemeinsam im selben Wohnbereich.

Haltung und Zucht: Haltung wie bei der Amerikanischen Schabe. Diese Art klettert gern, deshalb stellt man Korkrinden- oder Aststücke im Behälter auf. Wenn man die Dekoration mit einem Rotlichtstrahler beheizt, halten sich die Tiere bei genügend hoher Luftfeuchtigkeit bevorzugt dort auf. Larven und Erwachsene sind Vegetarier. Als Futter werden Salat, saftige Früchte (u. a. Banane) und verschiedenes Gemüse gereicht. Von dieser Art sind keine negativen Auswirkungen auf den Menschen bekannt.

Totenkopfschabe *(Blaberus craniifer).*

Totenkopfschabe
(Riesenwaldschabe)
Blaberus craniifer (Blaberidae)

Verbreitung: Tropisches Mittel- und Südamerika
Lebensraum: Waldboden
Größe: Weibchen 53 mm, Männchen 50 mm
Nahrung: Allesfresser
Larven: Allesfresser
Entwicklungsdauer: im Ei 3 bis 4 Wochen, Larven 4 bis 5 Monate
Lebensdauer: 1 Jahr

Die Totenkopfschabe ist in beiden Geschlechtern geflügelt. Die Flügel überragen den Hinterleib um mehrere Millimeter. Trotz der großen Flügel werden diese nicht zum Fliegen benutzt. Die häutigen Flügel und der Halsschild sind hellbraun, unterbrochen von einem schwarzen Fleck im Halsschild und einem mittelbraunen Fleck in der vorderen Hälfte der Flügel. Der schwarze Halsschildfleck kann mehrere helle Pünktchen haben, so daß der Eindruck eines Totenkopfes entsteht (Name!).

Die flachen asselförmigen Larven haben eine dunkelbraune Grundfärbung, die von dunkelgelben Flecken unterbro-

chen wird und ein regelmäßiges Muster bilden. Das Weibchen unterscheidet sich vom Männchen dadurch, daß die beiden letzten Segmente auf der Unterseite des Hinterleibes miteinander verwachsen sind.
Biologie: Die Totenkopfschabe lebt hauptsächlich am Boden, wo sie sich von toter tierischer und pflanzlicher Substanz ernährt. Die Eikapsel enthält durchschnittlich 34 Eier. Die Eikapsel wird bis zum Schlüpfen der Larven in der Genitaltasche des Weibchens umhergetragen. Unmittelbar nach dem Absetzen der Eikapsel schlüpfen die Larven (»lebendgebärend«). Die Larven sind dann sechs bis sieben Millimeter groß. Sie leben verborgen in der Bodenauflage. Die Verwandlung ist unvollkommen.
Haltung und Zucht: Die Haltungs- und Zuchtbedingungen sind wie bei der Amerikanischen Schabe. Bei einer nicht zu hellen Beleuchtung und genügend hoher Luftfeuchtigkeit ist die Totenkopfschabe auch bei Tag aktiv.

Die Larven graben sich mit Vorliebe in das Substrat ein und kommen nur nachts heraus. Die Substrathöhe im Zuchtkasten beträgt hier mindestens 5 cm.

Auch hier ist vom Halter Vorsicht geboten, denn beim Anfassen stößt die Totenkopfschabe ein stark riechendes Sekret aus, das Allergien auslösen kann.

Abbildung 6:
Bauplan der Fangschrecken (Mantodea), schematisch.

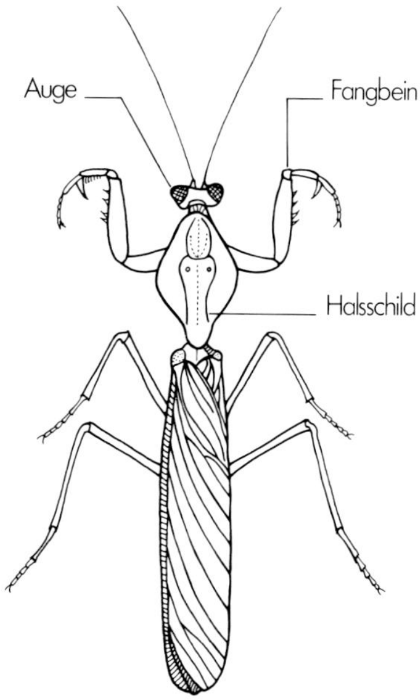

Fangschrecken (Mantodea)

Gottesanbeterin
Hierodula membranacea (Mantidae)

Verbreitung: Tropisches Asien
Lebensraum: Strauchvegetation
Größe: Weibchen 9 cm, Männchen 9 cm
Nahrung: Fliegende Insekten, Heuschrecken, Grillen
Larven: Fruchtfliegen, Fliegen, Heuschreckenlarven, Grillenlarven
Entwicklungsdauer: im Ei 2 Monate, Larven 4 Monate
Lebensdauer: mehr als 6 Monate

Oben: Gottesanbeterin *(Hierodula membranacea)*
Unten: Blumenmantis *(Creobroter* spec.*)*.

Blumenmantis (Gottesanbeterin)
Creobroter spec. (Mantidae)

Verbreitung: Südindien
Lebensraum: Strauchvegetation
Größe: Weibchen 4 cm, Männchen 3 cm
Nahrung: blütenbesuchende Insekten
Larven: im Ei 1 Monat, Larven 3 Monate
Lebensdauer: mehr als 3 Monate

Der Name Gottesanbeterin weist auf das Ruheverhalten dieser eigentümlichen Fangschrecken hin. Auf den Hinterbeinen stehend und mit erhobenen Fangarmen sieht sie einem zum Himmel betenden Menschen ähnlich.

Die Gottesanbeterin *Hierodula membranacea* ist grün oder braun gefärbt. Die Männchen sind schlank und haben haardünne lange Fühler. Die Junglarven sind hellbraun. Die älteren Larven färben sich dann entweder grün oder braun. An den älteren Larven kann man bereits die Geschlechter unterscheiden. Die männlichen Larven besitzen unten am Hinterleibsende eine Platte. Bei den weiblichen Larven ist diese Platte durch eine Rinne geteilt.

Die Deckflügel der Blumenmantis *Creobroter* spec. sind grasgrün gefärbt mit cremig-weißen Punkten im vorderen Drittel und einem geschnörkelten Band von gleicher Farbe ungefähr in der Mitte. Die Hinterflügel sind rotweinfarben. Der Körper ist rosa und braun gesprenkelt. Auf dem Rücken des Hinterleibes befindet sich ein bunter augenförmiger Fleck, der sich bereits bei älteren Larven zeigt.

Die Larven sind rosa und braun gesprenkelt. Sie laufen und stehen aufrecht. Dabei tragen sie ihren Hinterleib kopfwärts über dem hinteren Teil des Halsschildes.

Biologie: Die Blütenmantis *Creobroter* spec. hält sich auf den Blüten verschiedener Sträucher auf, wo sie durch ihre Färbung gut getarnt auf blütensuchende Insekten wartet. Die Gottesanbeterin *Hierodula membranacea* sitzt im Geäst niedriger Bäume und Sträucher, wo sie auf vorbeifliegende Insekten in der typischen Haltung lauert.

Beide Arten sitzen mit angezogenen Fangbeinen oft stundenlang nahezu regungslos und beobachten die Umgebung. Auf jede Bewegung reagieren sie mit einem Wenden des Kopfes in die entsprechende Richtung. Haben sie eine sich nähernde Beute erkannt, werden die Fangbeine durch leichtes Anheben der Schienen zum Schlag gerichtet. Sobald die Beute in erreichbarer Nähe ist, wird sie durch blitzschnelles Zuschlagen der Fangbeine erhascht, zwischen den Dornenreihen von Schenkel und Schiene eingeklemmt und gleich darauf zum Munde geführt. Der Fangschlag dauert nur 48 bis 75 Millisekunden. Außerhalb der Reichweite der Fangbeine in der Umgebung sitzende Beutetiere werden durch langsames Anschleichen verfolgt (Beier 1968).

Die Geschlechtsreife tritt ungefähr 14 Tage nach der Erwachsenenhäutung ein. Beim Aufsuchen des Weibchens orientiert sich das Männchen nur mit den Augen. Das Männchen nähert sich dem Weibchen sehr vorsichtig und mit Pausen völliger Bewegungslosigkeit. Schließlich springt es von hinten auf den Rükken, klammert sich mit seinen Vorderbeinen am weiblichen Brustschild fest und krümmt nach einiger Zeit das Hinterende unter das Weibchen. Die Kopula dauert etwa zwei Stunden. Nach der Kopula trachtet das Männchen, sich möglichst schnell und weit vom Weibchen zu entfernen, um von diesem nicht gefressen zu werden (Beier 1968). Dieser Kannibalismus während der Begattung kommt gerade häufig auch im Freiland bei der Gottesanbeterin *Hierodula membranacea* vor (Birkhead, Lee & Young 1988).

Die Eier werden in einem Kokon aus einem schaumigen, an der Luft zu einer braunen, pergamentartigen Masse erhärtenden Sekret aus Hinterleibsdrüsen des Weibchens abgelegt. Der Kokon hat eine doppelte Wandung, die für die Feuchtigkeitsregulation sorgt. Der Kokon ist immer auf einer Unterlage festgeklebt. Die schlüpfenden Larven durchbrechen mit schlängelnden Bewegungen die Kokonwandung, wobei sie sich gleichzeitig häu-

Frischgeschlüpfte Blumenmantislarven (*Creobroter* spec.) am Kokon.

ten. Die Häute der vielen Larven bleiben zusammenhängend am Kokon kleben. Die Junglarven sind sehr flink und klettern sehr lebhaft an Pflanzen empor. Es folgen dann 6 bis 7 Häutungen; die Männchen häuten sich einmal weniger als die Weibchen. Die Verwandlung ist unvollkommen.

Beide Geschlechter der Blumenmantis *Creobroter* spec. sind ausgezeichnete und schnelle Flieger. Von der Gottesanbeterin *Hierodula membranacea* fliegt nur das Männchen langsam kurze Strecken.

Abbildung 7:
Raupenkasten aus Holz (Querformat).

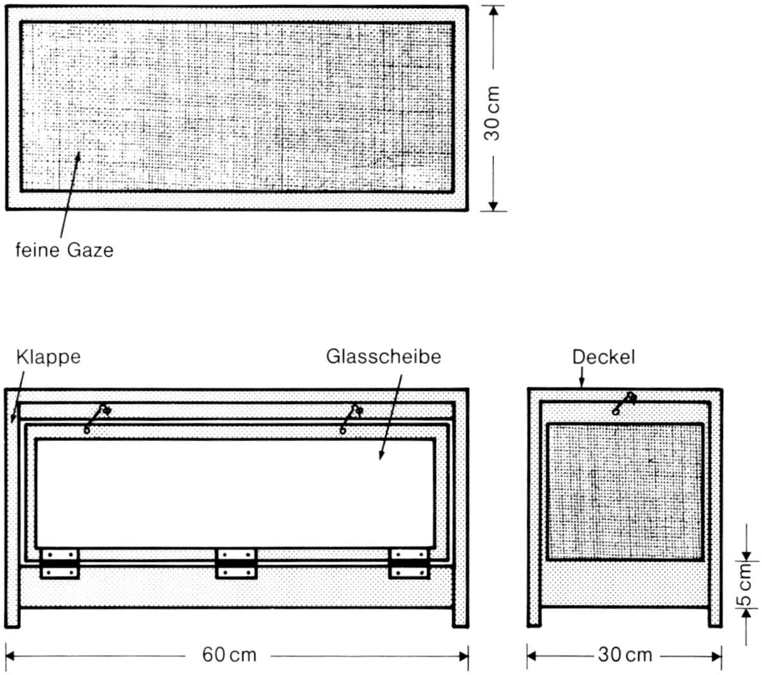

Können die Tiere einem Angreifer nicht mehr ausweichen, so nehmen sie eine Drohhaltung ein. Sie richten sich hoch auf den Hinterbeinen auf und spreizen die Fangarme und Flügel. In dieser Stellung sehen sie viel größer aus. Bei den Blumenmantis werden dann auch die leuchtend rotweinfarbenen Hinterflügel sichtbar und der farbige Augenfleck auf der Oberseite des Hinterleibes.

Haltung und Zucht: Die Haltung und Aufzucht der Larven erfolgt am besten in einem Raupenkasten (Abb. 7), der mit Ästchen und Aststücken bestückt ist. Die Durchschnittstemperatur kann 22 °C betragen. Zum Trinken und zur Erhaltung einer Mindestluftfeuchtigkeit von 60 bis 70 % wird einmal am Tag Wasser im Raupenkasten versprüht. Die kleinen Eikokons der Blumenmantis werden mit der Unterlage in einer Mantisdose (Abb. 8) separat bei hoher Luftfeuchtigkeit und einer Temperatur zwischen 25 und 28 °C zum Schlüpfen gebracht. Bei der Gottesanbeterin *Hierodula membranacea* bleiben die Eikokons im Raupenkasten bis zum Schlupf der Larven. Auch sie werden jeden Tag einmal angesprüht.

Abbildung 8:
Mantisdose als Brut- und Schlupfbehälter.

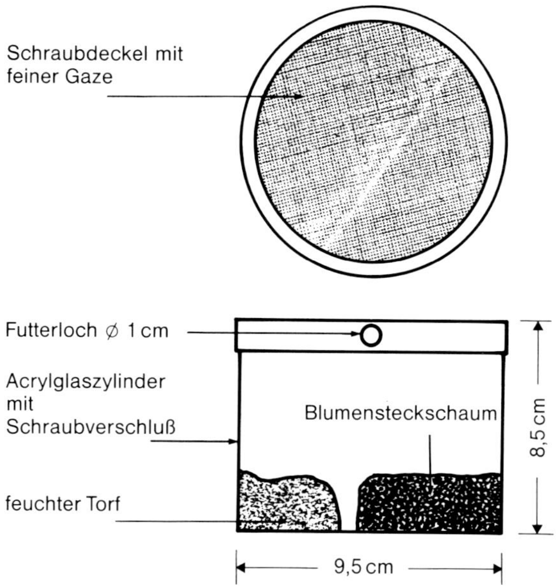

Die frisch geschlüpften Larven beider Arten erhalten am zweiten Tag nach dem Schlupf zum ersten Mal Futter. Bis zu einer Größe von ca. 3 cm werden sie mit lebenden Fruchtfliegen gefüttert. Im Sommer kann man auch Kleininsekten von Wiesen keschern (Wiesenplankton). Die älteren Larven bekommen lebende Fliegen, Heuschrecken- und Grillenlarven, je nach Größe. Ein beliebtes Futter für die erwachsenen Blumenmantis (*Creobroter* spec.) sind Große und Kleine Wachsmotten (*Galleria mellonella* und *Achroea grisella*). Die erwachsenen Gottesanbeterinnen (*Hierodula membranacea*) werden mit einer Pinzette individuell gefüttert, und zwar mit Insekten bis zur halben Körpergröße.

Die Blumenmantis kann man in allen Entwicklungsstadien in größerer Anzahl (nicht unter 10 Tieren) in einem Raupenkasten halten. Dies ist auch bei *Hierodula membranacea* möglich, wenn genügend Futter zur Verfügung steht.

Die älteren Larven trennt man nach Geschlechtern auf und zieht sie zwischen 10 und 30 Stück pro Kasten bis zur Geschlechtsreife groß.

Zur Kopulation werden pro Kasten ungefähr zwei Wochen nach der Erwachsenenhäutung ein Weibchen und drei bis vier Männchen zusammengesetzt.

Abbildung 9:
Bauplan der Heuschrecken (Saltatoria) schematisch.

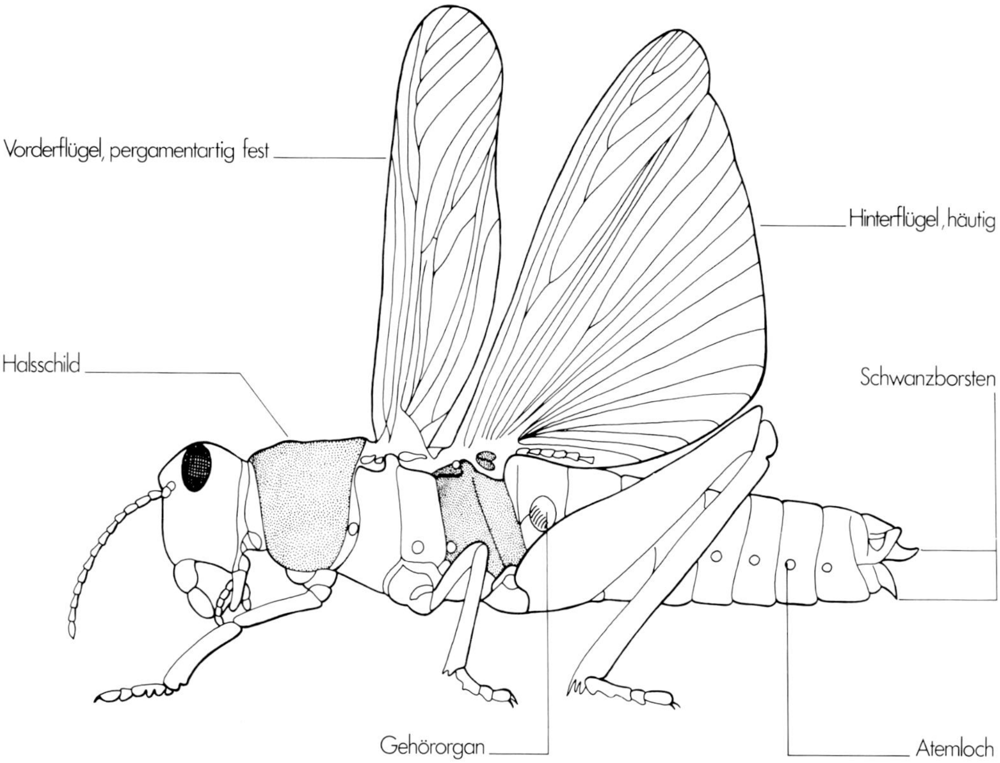

Heuschrecken (Saltatoria)

Gespenstheuschrecken (Phasmida)

Alle hier besprochenen Gespenstheuschreckenarten haben eine nachtaktive Lebensweise. Sie ahmen ihre direkte Umwelt nach (Mimese), indem sie von der Blatt- bis zur Astform meist Teilen der Futterpflanze ähnlich sehen. Ihre Umweltbedingungen ähneln sich, so daß sie nur einmal beim Wandelnden Blatt (*Phyllium bioculatum*) angegeben werden. Die Verwandlung ist unvollkommen.

Wandelndes Blatt

Phyllium bioculatum (Phylliidae)

Verbreitung: Mauritius, Seychellen, Ceylon, Ostindien, Sumatra, Java, Borneo, Malakka

Wandelndes Blatt *(Phyllium bioculatum)*, Weibchen.

Lebensraum: tropische Bergwälder
Größe: Weibchen 7 cm, Männchen 5 cm
Nahrung: Brombeere (*Rubus* spec.), sommer- und wintergrüne Eiche (*Quercus* spec.)
Larven: sommer- und wintergrüne Eiche (*Quercus* spec.)
Entwicklungsdauer: im Ei 6 Monate, Larven 6 Monate
Lebensdauer: Weibchen mehr als 3 Monate, Männchen bis 2 Monate

Von den Gespenstheuschrecken sind die »Wandelnden Blätter« am besten ihrem Lebensraum angepaßt. Der Körper und die Schenkel und Schienen der Gliedmaßen sind blattförmig verbreitert. Der Kopf sitzt während der Ruhephase in einer Aussparung der Vorderschenkel. Die Anpassung bei den Weibchen geht soweit, daß die Mittelrippe und die davon ausgehenden Blattadern einer Blattspreite durch den Hinterleib und durch die den Hinterleib fast bedeckenden Vorderflügel täuschend nachgeahmt werden. Eine derartige Nachahmung der Umwelt nennt man Blattmimese.

Die Färbung reicht vom intensiven Grün über Gelb bis zu gefleckten Brauntönen. Die Farbtöne werden durch Einlagerung von Farbstoffen der Futterpflanzen unter die Oberhaut erzeugt. Als natürliche Futterpflanze wird häufig der Guavestrauch (*Psidium guajava*) angegeben.

Die frisch geschlüpften Larven sind intensiv rotbraun gefärbt. Die Männchen sind schlanker als die Weibchen, mit langen Fühlern und Flügeln. Die Eier sind fünf bis sechs Millimeter groß und meist einfarbig hellbraun. Sie ähneln keinem Ei, sondern sind von vorn gesehen mehr oder weniger fünfstrahlig geflügelt und asymmetrisch.

Biologie: Das »Wandelnde Blatt« *Phyllium bioculatum* ist durch seine Blattform am Tage vor Freßfeinden geschützt. Bei Erschütterungen am Ruhezweig setzt sich das Tier in schaukelnde Bewegungen und ahmt so das Windspiel der Blätter nach. Auf grobe Störungen reagieren die Tiere mit einer Totstellung und lassen sich auf den Boden fallen, wo sie längere Zeit unbeweglich liegen bleiben.

Die Männchen suchen zur Paarung die Weibchen aktiv auf. Sie legen dabei auch kurze Strecken im Flatterflug zurück. Die Weibchen sind flugunfähig. Zur Eiablage bleiben die Weibchen im Geäst. Das Ei wird während des Austritts aus der Geschlechtsöffnung mit den Hinterleibsanhängen (Ovipositor) zunächst festgehalten und dann mit einer vertikalen Schleuderbewegung des Hinterleibes weit in die Luft geschleudert. Es fällt dann zu Boden, wo es bis zum Schlupf der Larven liegenbleibt. Ein Weibchen legt mehr als 100 Eier.

Die Larven schlüpfen meist nachts. Wenn die Eier flach bedeckt sind, graben sich die Larven auch aus. Sie sind nach dem Schlupf stark rotbräunlich gefärbt und so in der Dunkelheit oder Dämmerung kaum sichtbar. Sie können sehr flink laufen und streben nach dem Schlupf sofort nach oben. Im Geäst hängen sie dann geschützt unter den Blättern ihrer Futterpflanze. Nach ungefähr 14 Tagen färben sie sich grün und nach weiteren 14 Tagen häuten sie sich das erste Mal. Die alte Haut, an der sie nach der Häutung noch hängen, wird in der Regel bis auf die Füße aufgefressen. Die Männchen häuten sich fünfmal, die Weibchen sechsmal. Während der Larvalentwicklung kommt es dann willkürlich zur Gelb- oder Braunfärbung. Die meisten Larven bleiben aber bis zum Stadium des Vollinsekts grün. Die Larven beider Geschlechter, sowie die adulten Weibchen des Wandelnden Blattes besitzen an den Fühlern ein Stridulationsorgan, mit dem sie für das menschliche Ohr nicht höhrbare Geräusche erzeugen können. Es sitzt auf den dritten stark vergrößerten Fühlergliedern, deren Innenflächen aneinander vorbei bewegt werden. Die Stridulation scheint vor allem eine Verteidigungsreaktion darzustellen (Kittmann 1989).

Haltung und Zucht: Für die Haltung kann man ein Acrylglasbecken (Abb. 5) benutzen. Ein Becken dieser Größe läßt sich maximal mit drei Weibchen und fünf Männchen oder ca. 30 Larven bis zum dritten Stadium besetzen. Danach muß man die Anzahl der Larven pro Becken reduzieren. Bei zu dichtem Besatz der Larven und der erwachsenen Tiere fressen sie sich gegenseitig an, was bei größeren Fraßstellen zum Tode oder zu Fehlhäutungen führen kann. Die Larven sind zwar fähig, verlorengegangene Gliedmaßen zu regenerieren, aber die nachgewachsenen Gliedmaßen erreichen nicht mehr die natürliche Größe.

Der Beckenboden wird mit feuchtem festgedrückten Torf 3 cm hoch bedeckt. Das Substrat muß ständig feucht gehalten werden. Die Larvenstadien und Imagines werden mit Brombeerranken gefüttert. Für den Erfolg der Aufzucht ist es besser, wenn man die Larven I–IV nur mit Eiche (im Winter mit Keimlingen amerikanischer Eichenarten oder immergrüner Eiche) füttert und danach an Brombeere gewöhnt. Das Futter wird in kleinen Vasen im Becken frisch gehalten. Täglich werden die Tiere und die Futterpflanzen mit lauwarmem Wasser leicht angesprüht. Da sich die Larven meist von den frühen Morgenstunden bis in den Vormittag häuten, sollte man am Nachmittag besprühen, damit es zu keinen Häutungsanomalien kommt.

Von Zeit zu Zeit werden die Eier gesammelt und in einen Brut- und Schlupfbehälter (Abb. 8) überführt. Etwa 50 Eier werden dort auf eine 3 cm hohe, festgedrückte feuchte Torfschicht oder auf Blumensteckschaum verteilt. Das Substrat wird feucht gehalten, um ein Austrocknen der Eier zu verhindern. Der Behälter ist mit einem luftdurchlässigen Deckel verschlossen.

Da die Männchen ein Larvenstadium weniger haben als die Weibchen und daher auch eher zur Geschlechtsreife gelangen, passiert es bei zu kleinen Zuchten, daß nach wenigen Generationen nur noch Weibchen vorhanden sind. Deshalb sollte man eine Zucht mit Eiern und älteren Larven gleichzeitg beginnen, damit man geschlechtsreife Männchen und Weibchen gemeinsam bekommt.

Die Umweltbedingungen sind tropisch. Der Tag-Nacht-Wechsel erfolgt im 12-Stunden-Takt und wird mit einem Temperaturrhythmus gekoppelt.

Licht: 8–20 Uhr
Dunkel: 20–8 Uhr
Temperatur: 25 °C, 9–21 Uhr
20 °C, 21–9 Uhr.

Die Umgebungstemperatur der Tiere soll nicht durch Strahlung erzeugt werden, da dadurch das Substrat und die Futterpflanzen zu schnell austrocknen und die Luftfeuchtigkeit zu gering ist. Die Luftfeuchtigkeit darf nicht unter 70 % sinken. Für größere Zuchten haben sich Kühlbrutschränke mit Umluft bewährt, bei denen sich ein Tag-Nacht-Rhythmus für Temperatur und Licht programmieren läßt.

Wandelndes Blatt

Phyllium pulchrifolium (Phylliidae)

Verbreitung: Ostafrika (Moro-Goro), Ceylon, China, Siam, Birma, Java, Sumatra, Borneo, Südindien
Lebensraum: tropische Bergwälder
Größe: Weibchen 7 cm, Männchen 5 cm
Nahrung: sommer- und wintergrüne Eichen (*Quercus* spec.)

Wandelndes Blatt *(Phyllium pulchrifolium)*, Weibchen.

Larven: sommer- und wintergrüne Eichen (*Quercus* spec.)
Entwicklungsdauer: im Ei 6 Monate, Larven 6 Monate
Lebensdauer: Weibchen mehr als 3 Monate, Männchen bis 2 Monate

Die Weibchen von *Phyllium pulchrifolium* sind gleichmäßig grün gefärbt. Die glatten Seitenränder des Hinterleibes verlaufen fast parallel und bilden am achten Segment eine tiefe Einbuchtung nach hinten. Die Eier sind dunkelbraun bis braunschwarz gefärbt und haben die Form wie bei *Phyllium bioculatum*.

Biologie: Siehe *Phyllium bioculatum*. Männchen sind bei *Phyllium pulchrifolium* für die Fortpflanzung nicht unbedingt erforderlich, sie sind wesentlich flinker als die *Phyllium-bioculatum*-Männchen und fliegen häufiger.
Haltung und Zucht: Die Haltung erfolgt wie bei *Phyllium bioculatum*. Obwohl bei *Phyllium pulchrifolium* Männchen bekannt sind, verschwinden sie wegen ihrer kürzeren Entwicklungszeit aus der Zucht. Das führt aber bei dieser Art nicht zum Zusammenbruch der Gefangenschaftspopulation. Aus unbefruchteten Eiern schlüpfen reichlich weibliche Larven (Jungfernzeugung, Parthonogenese), von denen ein hoher Prozentsatz das Erwachsenenstadium erreicht. Diese Art kann nur auf Eiche gezogen werden.

Großes Wandelndes Blatt
Phyllium giganteum (Phylliidae)

Verbreitung: Malaysia, Cameron Highlands
Lebensraum: Kraut- und Strauchvegetation
Größe: Weibchen 10,5 cm
Nahrung: sommer- und wintergrüne Eiche (*Quercus* spec.)
Larven: sommer- und wintergrüne Eiche (*Quercus* spec.)
Entwicklungsdauer: im Ei 8 Monate, Larven 8 Monate
Lebensdauer: 6 Monate

Großes Wandelndes Blatt *(Phyllium giganteum)*, Weibchen.

Phyllium giganteum ist die bisher größte bekannte Phylliumart. Sie wurde erst 1984 für die Wissenschaft von HAUSLEITHNER entdeckt. Diese Art hat ziemlich schnell den Weg in die Liebhaberzuchten gefunden.

Die Grundfarbe ist grün mit kleinen braunen Pünktchen, die über die gesamte Oberfläche verstreut sind. Die Seitenränder des Hinterleibes sind gewölbt und das achte Segment nach hinten ausgebuchtet.

Die Eier sind graubraun bis schwarzbraun mit stark poriger Oberfläche. Sie sind ungefähr 8–9 mm lang und 5 mm breit mit einem kegelartigen Eideckel. Das Ei ist von der Seite asymmetrisch. Die Micropylenseite (Befruchtungspore) ist fast flach. Sie unterscheiden sich dadurch von den Eiern der anderen Arten.

Biologie: In Gefangenschaft pflanzt sich *Phyllium giganteum* durch Jungfernzeugung (Parthenogenese) fort. Die Weibchen verhalten sich wie die Weibchen von *Phyllium bioculatum*.

Haltung und Zucht: Siehe *Phyllium bioculatum*. *Phyllium giganteum* liebt es aber etwas wärmer, nämlich tagsüber 28–30 °C und nachts zwischen 22–25 °C. Der Zuchterfolg ist gering (ca. 20 %), da viele Eier taub sind. Die geschlüpften Larven aber erreichen fast alle das Erwachsenenstadium.

Riesenblatt-Gespenstheuschrecke
Hotoroptoryx dilatata (Phylliidae)

Verbreitung: Indo-Malayisches Archipel
Lebensraum: Baum- und Strauchvegetation
Größe: Weibchen 15 cm, Männchen 9 cm
Nahrung: Brombeere (*Rubus* spec.), Eiche (*Quercus* spec.)
Larven: Brombeere (*Rubus* spec.), Eiche (*Quercus* spec.)
Entwicklungsdauer: im Ei 8 bis 12 Monate, Larven 12 Monate
Lebensdauer: mehr als 3 Monate

Riesenblatt-Gespenstheuschrecke *(Heteropteryx dilatata).*
Die Larvalentwicklung der Männchen (links oben) und der Weibchen (rechts oben).
Unten: Kopulationsstellung.

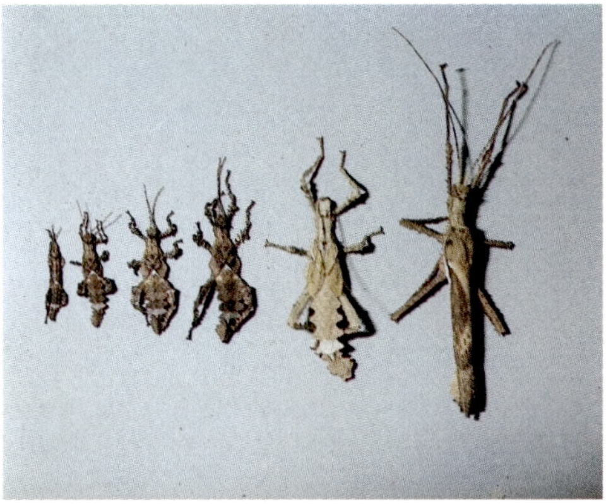

Diese Gespenstheuschrecke führt ihren Namen zu Recht. Die Weibchen erreichen das größte Körpergewicht (ca. 50 g) aller Gespenstheuschrecken.

Der grasgrüne massige Leib und die kräftigen Beine sind besetzt mit nadelspitzen Dornen unterschiedlicher Größe. Die Vorder- und Hinterflügel sind kurz und bedecken höchstens den vorderen Teil des Hinterleibes. Mit den Vorderflügeln und den darunter verborgenen dünnhäutigen, zartrosa gefärbten Hinterflügeln kann das Weibchen zischend-raschelnde Geräusche erzeugen. Zum Fliegen werden sie nicht benutzt.

Die Männchen sehen ganz anders aus als die Weibchen (Sexualdimorphismus). Sie sind bräunlich gefärbt und der Körper ist schlank. Die Vorderflügel sind von den Schultern nach hinten an den Seiten weiß gebändert. Die Hinterflügel sind auffallend weinrot mit schwarzen Flecken gefärbt und überragen die Vorderflügel. Die Männchen sind noch zu kurzen Flatter- und Gleitflügen in der Lage.

Die Eier sind ungewöhnlich groß, nämlich 7–8 mm lang. Im Zentrum einer vierarmigen Figur liegt die Stelle, an der der Samen zur Befruchtung eindringt (Micropyle). Ein flacher Deckel (Operculum) schließt das Ei an einem Pol ab. An diesem Pol schlüpfen nach dem Absprengen des Deckels die Larven.

Nach dem Schlüpfen sind beide Geschlechter braun gefärbt. Die männliche Larve hat im letzten Drittel des Hinterleibes ein weißes, meist rautenförmiges Segment (Abb. Seite 38, links oben). Die weiblichen Larven erfahren gleichzeitig mit der vierten Häutung eine Umfärbung von Braun nach Grün (Abb. Seite 38, rechts oben).

Biologie: Die Riesenblatt-Gespenstheuschrecke hängt tagsüber fast unsichtbar und regungslos an Zweigen unter Blättern. Die erste Begattung findet wenige Tage nach der Erwachsenenhäutung statt (Abb. Seite 38, unten). Ungefähr vier Wochen später beginnt das Weibchen mit der Eiablage. Zur Eiablage steigt das Weibchen zum Boden herunter. Es bohrt mit seinem vogelschnabelähnlichen Hinterleibsende 2–3 cm tiefe Löcher in den Boden und versenkt in jedes Loch ein Ei. Nach dem Schlüpfen graben sich die Larven an die Oberfläche und streben eilig in die Blattregion ihrer Futterpflanzen. Dort hängen sie sich vorzugsweise an Ästchen auf, die ihrer graubraunen Färbung entsprechen.

Bis zum vierten Larvenstadium bilden die Riesenblatt-Gespenstheuschrecken tagsüber im Bereich der Äste Schlafgesellschaften, wobei sie sich klumpen- oder kettenförmig aneinander hängen (Abb. Seite 40). Sie verfallen so in eine Schlafstarre (Katalepsie), aus der sie erst wieder in der Dunkelheit erwachen. Vermutlich werden sie so am Tage nicht von den Freßfeinden als Beutetiere erkannt.

Riesenblatt-Gespenstheuschrecke *(Heteropteryx dilatata)*, in Schlafstarre gefallene Larven an der Futterpflanze.

Wenn sich die weiblichen Larven nach Grün umgefärbt haben, hängen sie sich im Unterschied zu den braunen Larven, die sich im Bereich der Äste aufhalten, in der Regel unter die Blätter.

Nach jeder Häutung wird die alte Haut ganz oder teilweise aufgefressen. Die Geschlechter haben eine unterschiedliche Anzahl von Larvenstadien. Bei den Männchen erfolgt die Häutung zum erwachsenen Insekt im fünften Stadium, bei den Weibchen im sechsten.

Im letzten Larvenstadium erlischt dann auch die Schlafstarre. Die Nymphen setzen sich jetzt bei Berührung aktiv zur Wehr. Abweichend von den meisten Blattgespenst-Heuschreckenarten zeigen die erwachsenen Tiere ein geschlechtsspezifisches Droh- und Abwehrverhalten. Ohne Störung verhalten sie sich tagsüber vollkommen ruhig und nehmen die für Gespenstheuschrecken typische Tarnstellung ein.

Bei starker Erschütterung des Schlafzweiges nimmt das Weibchen eine Drohhaltung ein, indem es den Körper steil nach hinten oben streckt und eins oder manchmal auch beide der stark bedornten Hinterbeine dem Störenfried nach oben ausgestreckt entgegenhält. Erfolgt jetzt eine von außen kommende Bewegung im Bereich des erhobenen Beines, so wird die langbedornte Schiene blitzschnell wie ein Taschenmesser gegen den ebenfalls bedornten Schenkel geklappt.

Riesenblatt-Gespenstheuschrecke *(Heteropteryx dilatata)*.
Links: männliche Nymphe nach der Häutung,
rechts: Weibchen in Tarnstellung.

Das plötzliche Zusammenklappen wird von einem geräuschvollen Aneinanderreiben der zurückgebildeten Flügel begleitet, das einem Fauchen oder Zischen ähnelt. Bei anhaltender Bedrohung werden die Beine immer wieder in unregelmäßigen Abständen unter Fauchen zusammengeklappt. Ein Einklemmen der Finger zwischen den Dornen ist recht schmerzhaft und kann auch blutige Stichwunden hinterlassen.

Beim Männchen sieht die Drohhaltung folgendermaßen aus. Das Männchen beugt den Hinterleib von hinten nach vorn über und breitet dabei die weinroten Hinterflügel aus; die Beinhaltung ist wie beim Weibchen. Das akustische Signal im Abwehrverhalten des Weibchens wird beim Männchen durch zwei optische Signale ersetzt. Beim Zuschlagen der Hinterbeine bleiben die weinroten Hinterflügel starr und weit geöffnet, so daß sie das Tier größer erscheinen lassen. Außerdem werden die Vorderflügel steil nach oben über den Kopf gehalten, in Frontalansicht wird so eine Zeichnung sichtbar, die wahrscheinlich der Abschreckung eines Freßfeindes dient.

Männchen und Weibchen folgen in Drohhaltung der Bewegung eines genügend großen Gegenstandes, der im Halbkreis um das Tier knapp außer Reich-

Abbildung 10:
Raupenkasten aus Holz (Hochformat).

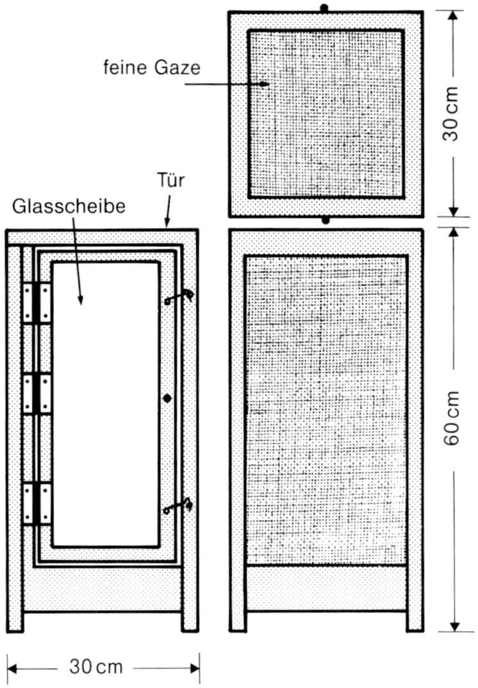

weite der Hinterbeine herumgeführt wird. Die Tiere sind demnach in der Lage, ihre unmittelbare Umgebung gut im Auge zu behalten (LÖSER & SCHULTEN 1981).

Haltung und Zucht: Für die Haltung kann man ein Acrylglasbecken (Abb. 5) oder einen sogenannten Raupenkasten im Quer- (Abb. 7) oder Hochformat (Abb. 10) verwenden.

Bei diesen Behältergrößen ist der maximale Besatz zwei Pärchen oder ca. 30 Larven bis zum dritten Stadium. Danach muß man die Anzahl der Larven pro Becken reduzieren. Der Beckenboden wird mit feuchtem festgedrückten Torf 3 cm hoch bedeckt. Das Substrat muß ständig feucht gehalten werden.

Die Larvenstadien I–IV werden mit frisch gepflückten Eichenlaubästen (im Winter mit Keimlingen amerikanischer Eichenarten) gefüttert. Das fünfte und sechste Stadium sowie die Imagines können alternativ mit frischen Brombeerranken oder Eiche versorgt werden. Täglich werden die Tiere und die Futterpflanzen mit lauwarmem Wasser leicht angesprüht. Da sich die Larven meist von den frühen Morgenstunden bis in den Vormittag häuten, ist das Besprühen nachmittags vorzunehmen, um Häutungsanomalien zu vermeiden. Für die Eiablage ist die Torfschicht 5 cm hoch. Die Weibchen müssen genügend Platz im Behälter haben, um zur Eiablage von den Futterpflanzen auf den Boden herabsteigen zu können.

Von Zeit zu Zeit werden die Eier abgesammelt und in einen Brut- und Schlupfbehälter (Abb. 8) überführt. Etwa 50 Eier werden auf eine 3 cm hohe, festgedrückte feuchte Torfschicht verteilt. Danach werden die Eier mit einer 3 cm hohen lockeren feuchten Torfschicht bedeckt. Das Substrat wird feucht gehalten, um ein Austrocknen der Eier zu verhindern. Der Behälter ist mit einem luftdurchlässigen Deckel verschlossen.

Riesen-Gespenstheuschrecke *(Extatosoma tiaratum),* Weibchen.

Riesen-Gespenstheuschrecke
Extatosoma tiaratum (Phasmatidae)

Verbreitung: Australien, Neuguinea
Lebensraum: Baum- und Strauchvegetation
Größe: Weibchen 11–14 cm, Männchen 9 cm
Nahrung: Brombeere (*Rubus* spec.), Eiche (*Quercus* spec.), Wildrose (*Rosa* spec.), Buche (*Fagus* spec.)
Larven: Brombeere (*Rubus* spec.), Eiche (*Quercus* spec.), Wildrose (*Rosa* spec.), Buche (*Fagus* spec.)
Entwicklungsdauer: im Ei 6 Monate, Larven 4 Monate
Lebensdauer: mehr als 6 Monate

Extatosoma tiaratum ist eine der ersten Gespenstheuschrecken, die in Europa in Gefangenschaft gehalten wurden. Die Geschlechter sind im Aussehen sehr unterschiedlich (Sexualdimorphismus). Die Männchen sind schlank und lang geflügelt, die Weibchen dick und plump mit Stummelflügel. Die Färbung der Weib-

Riesen-Gespenstheuschrecke *(Extatosoma tiaratum),* Eier.

chen reicht von hellbraun bis hellgrün. Die Farbe der Männchen ist eine Mischung aus Orange und Dunkelbraun. Die Männchen tragen auf der Stirn drei Punktaugen (Ocellen). Die langen Hinterflügel der Männchen sind durchsichtig. Die Männchen können damit gut fliegen. Der Körper und die Beine sind bedornt. Die Beine sind zusätzlich leicht blattförmig verbreitert.

Die Eier sind 4,5 mm lang und cremefarben mit dunkelbrauner Marmorierung. Die frisch geschlüpften Larven sind dunkelbraun bis schwärzlich mit einem orangefarbenen Kopf und einem weißlichen Hals. Ihr Aussehen ähnelt Ameisen.

Biologie: Die Weibchen hängen mit dem Bauch nach oben unter den Ästen. Der Hinterleib hängt herunter oder ist über dem Vorderkörper zusammengerollt. Zur Verteidigung gegenüber Freßfeinden werden die bedornten Hinterbeine ausgebreitet und zusammengeschlagen. Gleichzeitig wird ein modriger Duft abgegeben. Die Paarung findet meist nachts statt. Das zur Paarung bereite Männchen sucht das Weibchen auf und steigt ihm auf den Rücken. Die Paarung kann bis zu einem Tag lang dauern. Die Eiablage erfolgt wie beim Wandelnden Blatt (*Phyllium bioculatum*). Sie beginnt etwa einen Monat nach der Imaginalhäutung und dauert bis zum Lebensende der Weibchen (LAU 1979). Die Eier glänzen sehr stark. Die frisch geschlüpften Larven gleichen in der Färbung, Körperhaltung und in der Bewegung dem Aussehen von australischen Ameisen der Gattung *Leptomyrmex* (CSIRO 1970). Sie laufen mehrere Tage flink umher, bis sie in der Nahrungspflanze zur Ruhe kommen.

Haltung und Zucht: Siehe Wandelndes Blatt (*Phyllium bioculatum*). Diese Art ist für Anfänger ausgezeichnet geeignet. Sie ist wenig empfindlich gegenüber Temperatur- und Feuchtigkeitsschwankungen.

Zweigestreifter Wandelnder Stab

Anisomorpha buprestoides (Phasmatidae)

Verbreitung: Süden der USA
Lebensraum: Strauchvegetation
Größe: Weibchen 8 cm, Männchen 5 cm
Nahrung: Brombeere (*Rubus* spec.), Rhododendron (*Rhododendron* spec.)
Larven: Brombeere (*Rubus* spec.), Rhododendron (*Rhododendron* spec.)

Zweigestreifter Wandelnder Stab *(Anisomorpha buprestoides),* Pärchen in Kopula.

Entwicklungsdauer: im Ei 3 Monate, Larven 3 Monate
Lebensdauer: mehr als 3 Monate

Anisomorpha buprestoides ist flügellos. Männchen und Weibchen sind glattschwarz gefärbt, und ein gelbrosa Streifen zieht jeweils längs der Rückenmitte zum Körperende. Die Larven sind wie die erwachsenen Tiere gefärbt.

Die Eier sind ungefähr 4 mm lang. Die normale Färbung ist ein dunkles Blaugrau mit einer etwas helleren Skulpturierung. Dadurch sehen die Eier aus wie der Kot der Erwachsenen.
Biologie: Diese Gespenstheuschrecke besitzt am Vorderrand des ersten Brustsegmentes vor den Beinhüften je eine Wehrdrüse. Das Wehrdrüsensekret ist stark ätzend und wird mit starkem Druck über 10 cm weit meistens nach hinten abgespritzt. Die Kopulation kann mehrere Tage dauern.
Haltung und Zucht: Siehe Wandelndes Blatt (*Phyllium bioculatum*)

Das Abwehrsekret ist stark ätzend. Vorsicht beim Hantieren! Beim Umsetzen immer mit ausgestrecktem Arm arbeiten und nicht in die Nähe des Gesichtes kommen. Nach jeder Arbeit mit dieser Art die Hände waschen oder gleich Handschuhe benutzen.

Riesenstabheuschrecke (*Aplopus* spec.), Weibchen.

Riesenstabheuschrecke
Aplopus spec. (Phasmatidae)

Verbreitung: Karibische Inseln
Lebensraum: Baum- und Strauchvegetation
Größe: Weibchen 13 cm, Männchen 9 cm
Nahrung: Wildrose, Brombeere
Larven: Wildrose, Brombeere
Entwicklungsdauer: im Ei 4–7 Monate, Larven mehr als 4 Monate
Lebensdauer: Weibchen 8–9 Monate, Männchen 5–6 Monate

Die dunkelgrün bis braunen Weibchen haben nur noch Stummelflügel mit einer Spannweite von ca. 3 cm. Die Männchen können fliegen. Bei den Männchen sind die Hinterflügel transparenthäutig und rosarot gefärbt. Die kurzen Vorderflügel sind braun mit weißen Streifen. Die Flügelspannweite beträgt 9 cm. Die Oberseite ist dunkelbraun, die Unterseite grün. Beide Geschlechter haben auf der Oberseite des Hinterkopfes spitze Hörnchen.

Die Eier sind 4 mm lang und cremigorange gefärbt mit grauen Fleckchen.

Annam-Stabheuschrecke *(Baculum extradentatum),* Weibchen.

Die frisch geschlüpften Larven haben grüne Flecken an den Beinen. Der Körper ist braun.
Biologie: Siehe *Extatosoma tiaratum*
Haltung und Zucht: Siehe Wandelndes Blatt (*Phyllium bioculatum*)

Annam-Stabheuschrecke
Baculum extradentatum (Phasmatidae)

Verbreitung: Südvietnam
Lebensraum: Strauchvegetation
Größe: Weibchen 9,5 cm, Männchen 7 cm
Nahrung: Brombeere (*Rubus* spec.), Erdbeere (*Fragaria ananassa*), Heckenrose (*Rosa canina*), Johannisbeere (*Ribes rubrum*), Zwergmispel (*Cotoneaster* spec.), Feuerdorn (*Pyracantha coccinea*), Eiche (*Quercus* spec.)
Larven: Brombeere (*Rubus* spec.), s. o.
Entwicklungsdauer: im Ei 2 Monate, Larven 3 Monate
Lebensdauer: mehr als 6 Monate

Beide Geschlechter sind braun gefärbt, stabförmit und flügellos. Den Männchen fehlen die für das Weibchen typischen

Stabheuschrecke *(Calynda brocki)*, Pärchen an der Futterpflanze.

dornenartigen Auswüchse über den Augen. Die 3 mm langen Eier sind grau und schwarz gesprenkelt. Die frisch geschlüpften Larven sind fahlbraun und selten grün.
Biologie: Die Art pflanzt sich auch durch Jungfernzeugung fort, jedoch schlüpfen dann nur Weibchen, und die Schlupfrate ist geringer als bei befruchteten Eiern. Die Eiablage erfolgt wie beim Wandelnden Blatt. Die Jungtiere schlüpfen meist nachts und klettern sofort in die Futterpflanzen. Die Paarung dauert mehrere Stunden und findet ebenfalls nachts statt. Ungefähr 14 Tage nach der Erwachsenenhäutung beginnt die Eiablage der Weibchen, die bis zum Tode anhält. In dieser Zeit können von einem Weibchen über 1800 Eier produziert werden (LAU 1987).
Haltung und Zucht: Siehe Wandelndes Blatt (*Phyllium bioculatum*)

Stabheuschrecke
Calynda brocki (Phasmatidae)

Verbreitung: Costa Rica
Lebensraum: Strauchvegetation
Größe: Weibchen 14–18 cm, Männchen 8,4–10,2 cm
Nahrung: Brombeere (*Rubus* spec.), Eiche (*Quercus* spec.)
Larven: Brombeere (*Rubus* spec.), Eiche (*Quercus* spec.)
Entwicklungsdauer: im Ei 4 Monate, Larven 4 Monate
Lebensdauer: mehr als 3 Monate

Diese Art wurde erst 1987 durch HAUSLEITHNER beschrieben, nachdem sie schon länger in England (BROCK 1985) und seither auch auf dem Kontinent gezüchtet wurde. Beide Geschlechter sind ungeflügelt. Das Männchen ist besonders dünn und dunkelbraun, manchmal auch olivgrün gefärbt. Am Hinterleibsende befinden sich zwei lange, nach innen ge-

schwungene (zangenförmige) Anhänge (Cerci). Die Weibchen sind etwas kräftiger gebaut. Die Färbung ist blaßgrün bis strohgelb, selten braun. Das auffallendste weibliche Merkmal ist der lange lanzettförmige Eilegeapparat (Ovipositor). Auf dem Kopf befinden sich zapfenförmige Hörnchen, die in der Größe von Weibchen zu Weibchen stark schwanken. Die Eier sind bis 3,7 mm lang und 2 mm breit. Die Grundfarbe ist braun mit einem schmutzig-weißen Überzug.
Biologie: Siehe *Extatosoma tiaratum*

Ein Weibchen legt Hunderte von Eiern. Die Männchen zeigen einen stark entwickelten Kopulationstrieb. Sie kopulieren manchmal tagelang mit ihren Weibchen.
Haltung und Zucht: Siehe Wandelndes Blatt (*Phyllium bioculatum*)

Indische Stabheuschrecke
Carausius morosus (Phasmatidae)

Verbreitung: Südindien
Lebensraum: Strauchvegetation
Größe: Weibchen 7,5 cm, Männchen 5,5 cm
Nahrung: Brombeere (*Rubus* spec.), Liguster (*Ligustrum* spec.), Efeu (*Hedera helix*)
Larven: Brombeere (*Rubus* spec.), Liguster (*Ligustrum* spec.), Efeu (*Hedera helix*)

Indische Stabheuschrecke *(Carausius morosus)*, zwei Weibchen und ein Männchen (unten) in Kopulationsstellung.

Entwicklungsdauer: im Ei 4 bis 8 Monate, Larven 5 Monate
Lebensdauer: mehr als 3 Monate

Die Indische Stabheuschrecke ist in Schulen und Universitäten seit vielen Jahrzehnten ein beliebtes Demonstrationsinsekt für Tarnung, Fortbewegung, Entwicklung, Sinnesleistung und Stoffwechsel. Das verdankt sie der leichten Züchtbarkeit.

Der Körper ist gleichmäßig zylindrisch. Männchen treten recht selten auf. Sie sind dünner und etwas kürzer als die Weibchen. Die Färbung variiert mit der Temperatur, Feuchtigkeit und dem Licht von grün bis dunkelbraun. Bei den Weibchen ist die Basis der Vorderschenkel rot gefärbt.

Die Eier sind sehr klein (etwas über 1 mm) und braun.
Biologie: Die Indische Stabheuschrecke pflanzt sich vorwiegend durch Jungfern-

Stabheuschrecke *(Creoxylus spinosus),*
Pärchen, Männchen oben.

zeugung fort. Unter mehreren Tausend Nachkommen treten vereinzelt immer wieder Männchen auf, die auch zur Kopulation fähig sind (Abb. Seite 49). Die Bedingungen, unter denen Männchen entstehen, sind bisher unbekannt. Im Tag- und Nachtrhythmus wechseln sie langsam die Farbe, so daß sie immer mit ihrer Umgebung verschmelzen und nicht von Freßfeinden erkannt werden. Bei Erschütterungen lassen sie sich fallen und legen Beine und Fühler in der Längsachse zusammen. Sie sehen dann aus wie ein abgebrochenes Ästchen. Außerdem strömen sie einen eigenartigen Duft aus. Die Eier werden von den Weibchen mit dem Hinterleib weggeschleudert und fallen zu Boden. Die Eiablage erfolgt über mehrere Monate.

Haltung und Zucht: Die Haltung und Zucht kann im Bereich der Zimmertemperatur bis hin zu 30 °C erfolgen. Die Entwicklung verläuft dementsprechend schnell oder langsam; besondere Ansprüche an Behälterformen werden dabei nicht gestellt. Die Indische Stabschrecke ist daher sehr gut für Anfänger geeignet. Die Behandlung der Eier erfolgt wie beim Wandelnden Blatt (*Phyllium bioculatum*).

Stabheuschrecke
Creoxylus spinosus (Phasmatidae)

Verbreitung: Tropisches Mittel- und Südamerika, Karibische Inseln
Lebensraum: Strauchvegetation

Größe: Weibchen 5,5 cm, Männchen 5 cm
Nahrung: Brombeere (*Rubus* spec.), Eiche (*Quercus* spec.), Wildrose
Larven: Brombeere (*Rubus* spec.), Eiche (*Quercus* spec.), Wildrose
Entwicklungsdauer: im Ei 3 Monate, Larven 3 Monate
Lebensdauer: 4 bis 6 Monate

Die beiden Geschlechter sind verschieden (Sexualdimorphismus). Die Weibchen sind ungeflügelt, die Männchen geflügelt und schlanker als die Weibchen. In Farbe (braun bis schwarzbraun) und Form ähneln die Geschlechter toten abgebrochenen Zweigstückchen. Auf der Oberseite des Hinterkopfes befinden sich zwei abgeflachte Hörnchen.

Die Eier sind 2,5 mm lang und hellbraun gefärbt. Die frisch geschlüpften Larven sind hellgrau-braun mit gelb und braun gebänderten Beinen.

Biologie: Die Tiere sind tagsüber sehr inaktiv. Bei Erschütterungen lassen sie sich zu Boden fallen und stellen sich tot. Sie bleiben dann stundenlang in dieser Position liegen.
Haltung und Zucht: Auf Grund der geringen Größe kann diese Art in kleinen Plastikbecken (Abb. 5) gehalten werden. Eine sehr anspruchslose Art, die für Anfänger geeignet ist. Siehe Wandelndes Blatt (*Phyllium bioculatum*).

Riesen-Gespenstheuschrecke *(Eurycantha calcarata),* Weibchen.

Riesen-Gespenstheuschrecke
Eurycantha calcarata (Phasmatidae)

Verbreitung: Neukaledonien, Neuguinea, Salomon-Inseln
Lebensraum: Baum- und Strauchvegetation
Größe: Weibchen 14 cm, Männchen 12 cm
Nahrung: Brombeere (*Rubus* spec.), Eiche (*Quercus* spec.)

Abbildung 11:
Hinterschienen von *Eurycantha calcatara* und *E. horrida* (nach HAUSLEITHNER 1985).

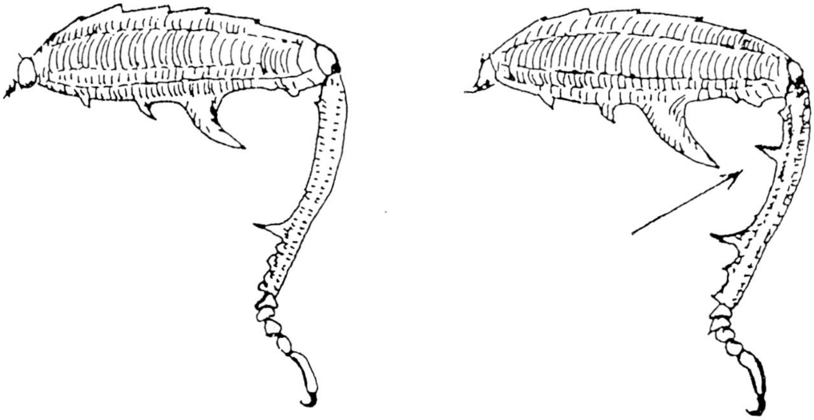

Larven: Brombeere (*Rubus* spec.), Eiche (*Quercus* spec.)
Entwicklungsdauer: im Ei ca. 4 Monate, Larven 4 bis 6 Monate
Lebensdauer: 1 bis 1,5 Jahre (HAUSLEITHNER 1985)

Die ungeflügelten erwachsenen Tiere sind glänzend dunkelbraun gefärbt. Der Körper und die Beine sind mit kleinen Dornen besetzt. Das Männchen hat an den Hinterschenkeln je einen mächtigen gekrümmten Dorn. Die Weibchen besitzen am Hinterende einen schnabelförmigen Eilegeapparat (Ovipositor).

Die fahlgrauen Eier sind 8 mm lang und 4 mm im Durchmesser. Die frisch geschlüpften Larven sind schmutzigbraun. Ältere Larven variieren von grün marmoriert bis dunkelbraun.

Häufig wird *Eurycantha calcarata* mit *E. horrida* verwechselt, da sie sich im Aussehen kaum unterscheiden. Das arttypische Merkmal zeigen jedoch die Hinterbeine der Männchen. Die Hinterschienen der *E.-horrida*-Männchen tragen auf der Innenseite einen zweiten Dorn, der den *E.-calcarata*-Männchen fehlt (Abb. 11; HAUSLEITHNER 1985).

Biologie: Die Tiere leben in der Bergwaldzone und sind nachtaktiv. Tagsüber verstecken sie sich in Vertiefungen der Borke großer Bäume oder verkriechen sich an der Stammbasis im Laub. Nachts verlassen die Tiere ihr Versteck und klettern auf die Bäume, deren Blätter sie verzehren. Die Eier werden von den Weibchen weggeschleudert (HAUSLEITHNER 1985).

Zur Abwehr von Freßfeinden werden meistens der Hinterleib und das letzte Beinpaar erhoben. Die Hinterbeine schlagen dann mehrmals hintereinander klappmesserartig zusammen. Vor allem

Riesen-Gespenstheuschrecke *(Eurycantha calcarata),* Männchen.

Kleine Stabheuschrecke *(Libethra regularis)*.
Links: Weibchen, rechts: Männchen.

kann das Männchen mit seinen mächtigen Schenkel- und Schienendornen dem Angreifer schmerzhafte Verletzungen beibringen. Außerdem sondern die Tiere einen unangenehm riechenden Duftstoff ab.

Haltung und Zucht: Beim Anfassen und Festhalten der kräftigen Tiere ist Vorsicht geboten. Die Männchen können ohne weiteres ihre riesigen Schenkeldornen in die Finger oder Hand schlagen, wobei es blutige und schmerzhafte Wunden geben kann. Man muß das Insekt nur rasch von oben an der Mittelbrust erfassen, dann können einem die zusammenschlagenden Hinterbeine nichts anhaben (HAUSLEITHNER 1985). Siehe Riesenblatt-Gespenstheuschrecke *(Heteropteryx dilatata)*.

Riesen-Gespenstheuschrecke
Eurycantha horrida (Phasmatidae)

Verbreitung: Neuguinea, Salomon-Inseln
Lebensraum: Baum- und Strauchvegetation
Größe: Weibchen 13 cm, Männchen 11 cm
Nahrung: Brombeere (*Rubus* spec.), Eiche (*Quercus* spec.)
Larven: Brombeere (*Rubus* spec.), Eiche (*Quercus* spec.)
Entwicklungsdauer: im Ei ca. 4 Monate, Larven 4 bis 6 Monate
Lebensdauer: 1 bis 1,5 Jahre
Im Aussehen ähnlich *Eurycantha calcarata*
Biologie: Siehe *Eurycantha calcarata*
Haltung und Zucht: Siehe *Eurycantha calcarata*

Kleine Stabheuschrecke
Libethra regularis (Phasmatidae)

Verbreitung: Karibische Inseln
Lebensraum: Strauchvegetation
Größe: Weibchen 3 cm, Männchen 4,5 cm
Nahrung: Brombeere (*Rubus* spec.), Eiche (*Quercus* spec.)
Larven: Brombeere (*Rubus* spec.), Eiche (*Quercus* spec.)
Entwicklungsdauer: im Ei 3 Monate, Larven 3 Monate
Lebensdauer: 6 Monate

Bei dieser Art ist das Männchen größer als das Weibchen. Beide Geschlechter sind ungeflügelt. Die Farbe der Weibchen variiert von braun bis schwarzbraun. Der Hinterleib ist in der Mitte verdickt. Die Männchen sind gleichmäßig schlank und kupferbraun gefärbt. An jeder Seite der Brust ist ein grüner Streifen mit weißen Punkten.
Biologie: Siehe *Creoxylus spinosus*
Haltung und Zucht: Siehe *Creoxylus spinosus*

Flechten-Stabheuschrecke
Orxines macklotti (Phasmatidae)

Verbreitung: Java
Lebensraum: Baum- und Strauchvegetation
Größe: Weibchen 7 cm, Männchen 5,5 cm
Nahrung: Rhododendron (*Rhododendron* spec.), Brombeere (*Rubus* spec.)
Larven: Rhododendron (*Rhododendron* spec.), Brombeere (*Rubus* spec.)
Entwicklungsdauer: im Ei 6 Monate, Larven 6 Monate
Lebensdauer: mehr als 3 Monate

Beide Geschlechter ahmen Flechten und Moosaufwuchs an Bäumen nach. Sie sind schwarz-braun und grün-marmoriert gefärbt. Die Männchen sind extrem schlank mit körperlangen Fühlern. Die Weibchen sind kräftiger. Die Brust ist

Flechten-Stabheuschrecke *(Orxines macklotti)*, Weibchen.

braun, der übrige Körper flechtenfarbig. Hinten am Kopf haben Männchen und Weibchen zwei hornförmige Zapfen. Die Flügel bedecken nur den halben Hinterleib und werden nicht zum Fliegen benutzt. Die Hinterflügel sind orange mit einer schwarzweißen Randbinde.

Die 5 mm langen Eier sind schmal kegelförmig und dunkelbraun.

Biologie: Die Flechten-Stabheuschrecke hält sich in der mit Moos und Flechten bewachsenen Stammregion des tropischen Regenwaldes auf. Sie verschmilzt mit ihrer Umgebung fast völlig und ist daher tagsüber sehr gut geschützt. Wird sie gestört, so zeigt sie ihre bunten Hinterflügel. Bei einer Berührung stößt sie ein Sekret aus, das aufdringlich nach Buttersäure riecht (ranzige Butter). Die Männchen lassen sich bei Gefahr auch fallen und wälzen sich in auffälliger Weise krampfartig auf dem Boden umher.

Die Eier werden fest in die Flechten- und Moospolster gepreßt. Die jungen Larven sind wie die Eltern gefärbt und

Wandelnder Ast *(Pharnacia acanthopus),* Weibchen.

halten sich zusammen mit ihnen an der Futterpflanze auf.
Haltung und Zucht: Siehe Wandelndes Blatt (*Phyllium bioculatum*). Die Eier werden einzeln in das Substrat abgelegt, ähnlich wie bei *Heteropteryx dilatata*. Da die Eier sehr klein sind und fest in das Substrat gepreßt werden, sammelt man sie nicht ab. Nach einer längeren Eiablageperiode der Weibchen werden alle erwachsenen Tiere in ein neues Behältnis gesetzt. Die Larven läßt man in dem alten Becken schlüpfen.

Wandelnder Ast
Pharnacia acanthopus (Phasmatidae)

Verbreitung: Malaysia, Sumatra, Borneo, Singapore
Lebensraum: Baum- und Strauchvegetation
Größe: Weibchen bis 25 cm, Männchen bis 17 cm
Nahrung: Brombeere (*Rubus* spec.), Eiche (*Quercus* spec.)
Larven: Brombeere (*Rubus* spec.), Eiche (*Quercus* spec.)

Entwicklungsdauer: im Ei 6 Monate, Larven 6 Monate
Lebensdauer: mehr als 3 Monate

Die erwachsenen Tiere sind durch ihr Aussehen und ihre Größe sehr eindrucksvoll. Das Weibchen mißt von den ausgestreckten Vorderfüßen bis zum Körperende ca. 40 cm, das Männchen in gleicher Stellung ca. 32 cm. Die Färbung ist variabel, sie reicht von Hellgrün bis Braun.

Die Eier sind mit 5 mm Länge verhältnismäßig klein und hellbraun gefärbt. Die Larven schlüpfen mit einer Körperlänge von 3 cm, die Gesamtlänge beträgt 6 cm. Die frisch geschlüpften Larven sind braun und grün gesprenkelt. Mit zunehmendem Alter wechseln sie die Farbe nach einem einheitlichen Braun oder Grün.
Biologie: Diese Art hat sich extrem in Farbe und Form an dünne Äste angepaßt. Wenn die Tiere im etwas dürren Strauchwerk hängen, dann sind sie in dieser Umgebung nicht mehr zu erkennen.

Bei jeder Störung lassen sie sich wie tot fallen. Werden sie an den sehr langen Beinen von einem Freßfeind erwischt, so werfen sie die Beine sofort ab. Tiere mit nur zwei Beinen sind durchaus noch in der Lage, sich am Leben zu erhalten, sie können trotzdem in der Nahrungspflanze umherhangeln.

Haltung und Zucht: Für die Haltung und Zucht ist ein geräumiges Insektarium notwendig (Abb. 7 oder Abb. 10). Beim Hantieren muß man außerordentlich vorsichtig sein, um das Abwerfen der Beine zu verhindern. Am besten stellt man einen frischen Behälter mit Futterpflanzen bei und nimmt die abgefressenen Pflanzen erst heraus, wenn die meisten Tiere auf die neuen Futterpflanzen übergewechselt sind. Siehe Wandelndes Blatt (*Phyllium bioculatum*).

Stabheuschrecke
Rhaphiderus scabrosus (Phasmatidae)

Verbreitung: Madagaskar, Mauritius, Reunion
Lebensraum: Strauchvegetation
Größe: Weibchen 8,5 cm, Männchen 6,5 cm
Nahrung: Rhododendron (*Rhododendron* spec.), Eiche (*Quercus* spec.), Brombeere (*Rubus* spec.), Wildrose (*Rosa* spec.)
Larven: Rhododendron (*Rhododendron* spec.), Eiche (*Quercus* spec.), Brombeere (*Rubus* spec.), Wildrose (*Rosa* spec.)
Entwicklungsdauer: im Ei 4 Monate, Larven 4 Monate
Lebensdauer: 6 Monate

Beide Geschlechter sind flügellos. Die Weibchen sind hellgrün und die Männchen hellbraun gefärbt. Die Weibchen sehen einem *Heteropteryx dilatata*-Weibchen ähnlich, aber sie sind viel kleiner. Die Männchen sind stabförmig. An den Hinterschenkeln befinden sich innen kleine Dornen. Der Kopf ist glatt.

Die Eier sind 3 mm lang, braun und mit einer geraffelten Oberfläche.

Biologie: Siehe *Extatosoma tiaratum*. Es ist sehr interessant zu beobachten, wie die Weibchen ihre Eier mit den Hinterleibsanhängen (Cerci) festhalten, bevor sie diese auf den Boden schleudern (DESCHANDOL 1987).

Haltung und Zucht: Siehe Wandelndes Blatt (*Phyllium bioculatum*)

Geflügelte Stabheuschrecke
Sipyloidea sipylus (Phasmatidae)

Verbreitung: Südchina, Australien, Indo-Malaysisches Archipel, Madagaskar
Lebensraum: Strauchvegetation
Größe: Weibchen 9 cm, Männchen ca. 6,5 cm
Nahrung: Brombeere (*Rubus* spec.)
Larven: Brombeere (*Rubus* spec.)
Entwicklungsdauer: im Ei 3 Monate, Larven 3 Monate
Lebensdauer: mehr als 3 Monate

Die Färbung der Tiere reicht von Fahlgrün bis Lichtbraun. Die Hinterflügel sind zartrosa. Die frisch geschlüpften Larven sind bereits ca. 3 cm lang und fadendünn.

Geflügelte Stabheuschrecke *(Sipyloidea sipylus)*, Weibchen.

Biologie: In ihrer natürlichen Umwelt kommen auch Männchen vor. In den europäischen Zuchten pflanzt sich diese Art aber nur durch Jungfernzeugung (Parthenogenese) fort. Die Weibchen kleben die Eier fest in Borkenritzen der Futterpflanze, so sind sie unsichtbar für Freßfeinde. Geraten die Tiere in Bedrängnis, so flattern sie mit den Flügeln, wobei die zartrosa gefärbten Hinterflügel sichtbar werden. Gleichzeitig sondern sie einen starken, nach verrotteten Pflanzen riechenden Duftstoff ab, der lange Zeit nachhält. Wenn sie auffliegen, dann gleiten sie langsam mit einem leichten Flatterflug nur nach unten. Als nachtaktive Tiere tarnen sie sich tagsüber, indem sie vertrocknete Grashalme nachahmen. Sie legen dabei alle Beine in die Längsachse des Körpers.

Haltung und Zucht: Siehe Wandelndes Blatt (*Phyllium bioculatum*). Die Eier werden von dieser Art in die Winkel und Ritzen des Behälters geklebt. Beim Ab-

Riesen-Stabheuschrecke *(Acrophylla wülfingi),* Weibchen.

nehmen zerbrechen sie sehr leicht, so daß man die Eier bis zum Schlupf im Behälter lassen muß. Hier werden die erwachsenen Tiere von Zeit zu Zeit in einen neuen, unbelegten Behälter umgesetzt.

Riesen-Stabheuschrecke
Acrophylla wülfingi (Phasmatidae)

Verbreitung: Australien
Lebensraum: Baum- und Strauchvegetation
Größe: Weibchen 18 cm, Männchen 13 cm
Nahrung: Brombeere (*Rubus* spec.)
Larven: Brombeere (*Rubus* spec.)
Entwicklungsdauer: im Ei 6 Monate, Larven 6 Monate
Lebensdauer: mehr als 3 Monate

Die Weibchen dieser großen Stabschrecke sind in der Grundfarbe grünlich-braun mit einem deutlichen weißen Fleck auf den Vorderflügeln. Die Hinterflügel sind groß und auffallend gefleckt. Die Männchen sind kleiner und viel schlanker als die Weibchen. Die Grundfarbe ist braun mit verteilten grünen Flecken auf dem Brustabschnitt.

Für die Größe der Weibchen sind die Eier recht klein. Sie sind nur 4 mm lang.

Wandelnder Stab *(Ctenomorphodes briareus),* Weibchen.

Die Farbe ist mattschwarz. Die frisch geschlüpften Larven sind 23 mm lang und einfarbig grasgrün.
Biologie: Die Männchen sind flugunfähig. Die Eier werden vom Weibchen mit dem Eilöffel (Ovipositor) fortgeschleudert und fallen zu Boden. Siehe *Extatosoma tiaratum*.
Haltung und Zucht: Siehe Wandelndes Blatt (*Phyllium bioculatum*).

Wandelnder Stab
Ctenomorphodes briareus (Phasmatidae)

Verbreitung: Tropisches Australien
Lebensraum: Baum- und Strauchvegetation
Größe: Weibchen 15 cm, Männchen 9 cm
Nahrung: Brombeere (*Rubus* spec.)
Larven: Brombeere (*Rubus* spec.)
Entwicklungsdauer: im Ei 6 Monate, Larven 6 Monate
Lebensdauer: mehr als 3 Monate

Ctenomorphodes briareus ist im Aussehen sehr ähnlich der Art *Acrophylla wülfingi*, nur etwas kleiner und einfacher gefärbt. Die Grundfarbe ist braun.
Biologie: Siehe *Acrophylla wülfingi*
Haltung und Zucht: Siehe Wandelndes Blatt (*Phyllium bioculatum*)

Riesen-Stabheuschrecke *(Eurycnema goliath)*, Weibchen.

Riesen-Stabheuschrecke

Eurycnema goliath (Phasmatidae)

Verbreitung: Java, Neuguinea, Australien, Tasmanien
Lebensraum: Baum- und Strauchvegetation
Größe: Weibchen 18 cm, Männchen 13 cm
Nahrung: Brombeere (*Rubus* spec.)
Larven: Brombeere (*Rubus* spec.)
Entwicklungsdauer: im Ei 6 Monate, Larven 6 Monate
Lebensdauer: mehr als 3 Monate

Die Weibchen sind grün und gelb gebändert, die Männchen grünbraun gefärbt (Clark 1974). Die Eier sind 6 mm lang und strohfarben.
Biologie: *Eurycnema goliath* pflanzt sich auch durch Jungfernzeugung (Parthenogenese) fort. Siehe *Acrophylla wülfingi*.
Haltung und Zucht: Die Aufzucht der durch Jungfernzeugung entstandenen weiblichen Larven ist wenig erfolgreich. Die meisten Larven sterben nach der fünften Häutung. In Deutschland gibt es nur parthenogenetische Stämme. Siehe Wandelndes Blatt (*Phyllium bioculatum*).

Ostafrikanische Höhlengrille

Phaeophilacris bredoides (Phalangopsidae, Ensifera)

Verbreitung: Sambia (Chibongwe-Höhle)
Lebensraum: Karsthöhlen
Größe: Weibchen 19 mm, Männchen 16 bis 18 mm
Nahrung: Pflanzenreste, tote Insekten
Larven: Pflanzenreste, tote Insekten
Entwicklungsdauer: im Ei ca. 1 Monat, Larven ca. 6 Monate
Lebensdauer: ca. 6 Monate

Diese Grillenart hat eine interessante Geschichte. Sie wurde 1968 als *Pholeogryllus geertsi* in der Chibongwe-Höhle in Sambia entdeckt (Dobroruka 1972).

Ostafrikanische Höhlengrille *(Phaeophilacris bredoides)*.
Links: männliche Larve, rechts: adultes Männchen.

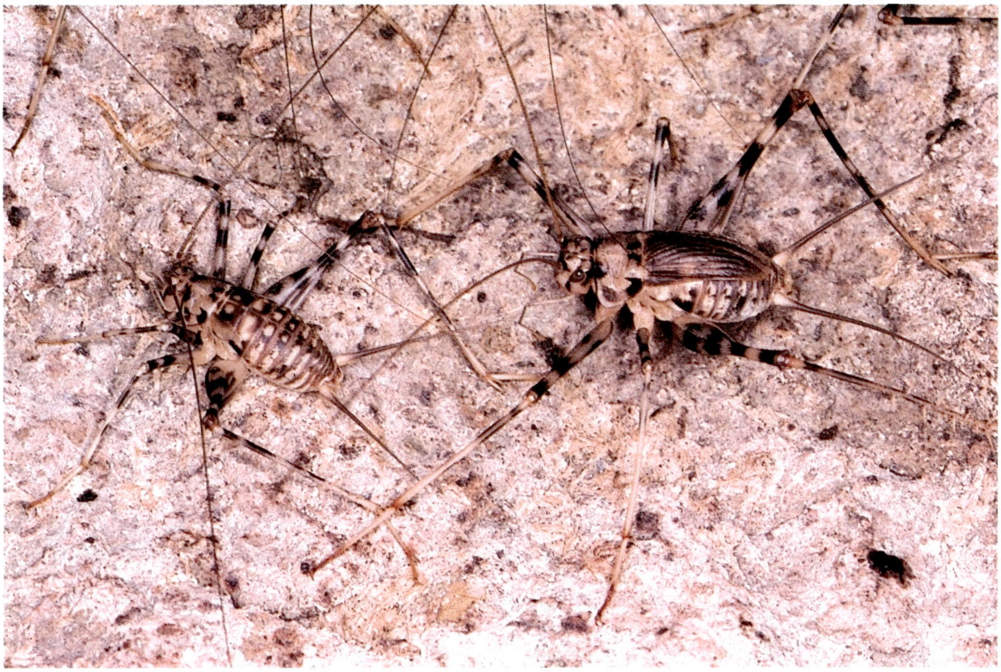

Von Dobroruka wurde sie mit nach Prag genommen und dort gezüchtet. Die nächste Station war Chemnitz in Sachsen, wo sie ebenfalls gezüchtet wurde und im Insektarium des Naturkundemuseums ausgestellt ist. Von dort gelangte sie über das Insektarium des Löbbecke-Museums und Aquazoo in Düsseldorf an das Zoologische Institut der Universität Köln, wo man auf Grund von Verhaltensstudien feststellte, daß es sich nicht um *P. geertsi* handeln konnte. Eine Überprüfung der Tiere durch den Spezialisten am Naturhistorischen Museum in Wien führte zu der Erstbeschreibung der Art *Phaeophilacris bredoides* durch KALTENBACH (1986).

Die Körperfärbung ist scherbengelb. Charakteristisch für beide Geschlechter sind die langen Beine und Fühler. Die Weibchen sind ungeflügelt. Die Männchen besitzen Deckflügel (Elytren), jedoch ohne Zirporgan, sind also stumm. Ebenso fehlen beiden Geschlechtern die Hörorgane.

Biologie: Die Larvalentwicklung vollzieht sich im Dunkel der Höhle (DOBRORUKA 1972). Im künstlichen Höhlenbio-

Abbildung 12:
Höhleninsektarium
1 Vorderansicht Tür mit Glasscheibe
2 Seitenwand mit Lüftung (feine Gaze)
3 Seitenwand mit Lüftung (feine Gaze) und Futterklappe
4 Rückwand mit Lüftung (feine Gaze)

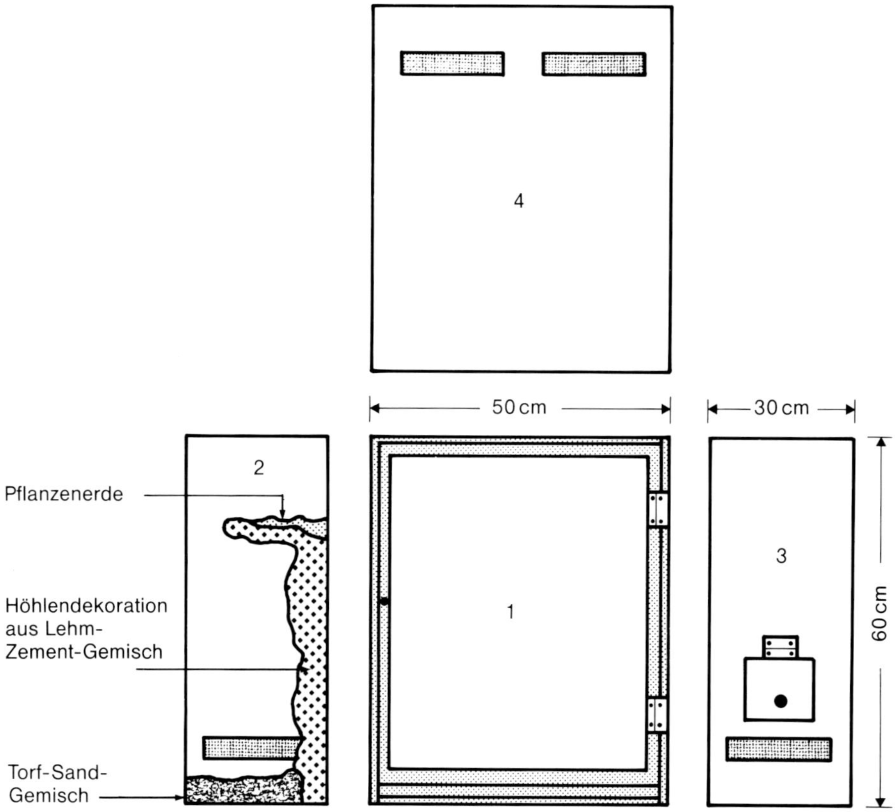

top (Abb 12) häuten sich die Larven an der Überhangkante, fressen ihre Haut auf und verziehen sich wieder im Dunkeln. Die erwachsenen Tiere kommen zur Balz auch ans Licht. Die Männchen führen beim Balz- und Kampfverhalten charakteristische Flügelbewegungen aus: Flügelschlagserien bzw. Flügeleinzelbewegungen, durch die niederfrequente Luftschwingungen erzeugt werden. Das Balzverhalten besteht aus einer Folge charakteristischer Aktivitäten des Männchens wie »Flügelpräsentieren«, Flügelschlagserien, Abtasten, Wenden, Bestreichen des Weibchens mit den Flügeln. Zur Begattung besteigt das Weibchen in der für Grillen typischen Weise das Männchen, das dabei die Elythren hochstellt. Aggressive Auseinandersetzungen zwischen Männchen werden mit Antennen-

Abbildung 13:
Eiablagebehälter für Grillen (oben) und Heuschrecken (unten).

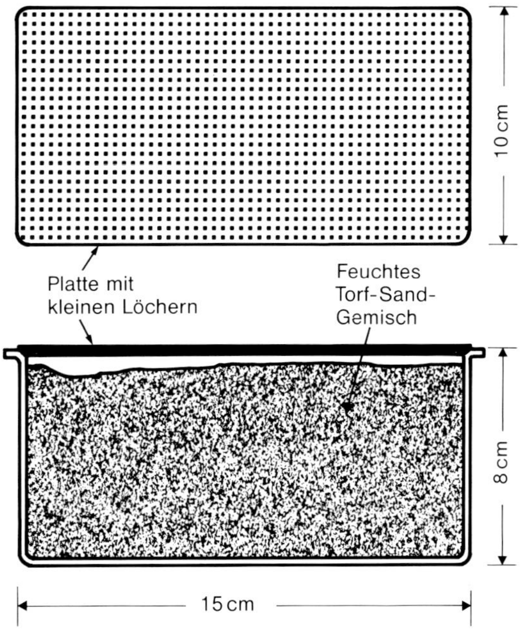

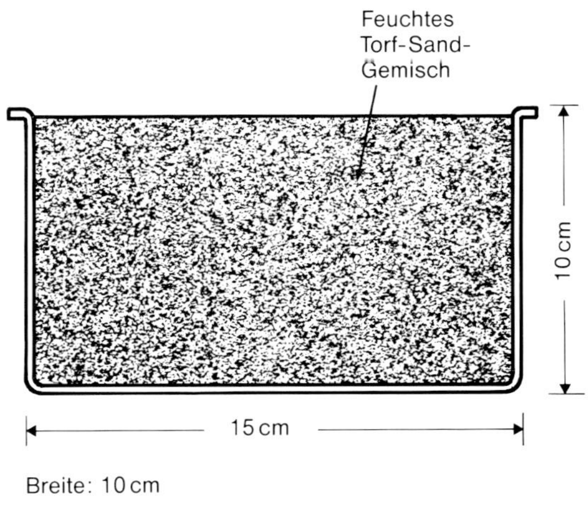

peitschen, Vorderbeinboxen, Flügelschlagserien, Flügeleinzelschlägen sowie Ringkämpfen mit ineinander verhakten Beinen ausgetragen (nach DAMBACH und LICHTENSTEIN 1978).

Bei der Eiablage wird der Legestachel, meist steil, manchmal senkrecht, in das Substrat gestochen. In jeden Stichkanal kommt zumeist ein Ei, in seltenen Fällen mehrere, bis maximal 6. Im Verlauf einer Nacht werden ca. 120 Eier abgelegt (DAMBACH und IGELMUND 1983).

Haltung und Zucht: Zur Zucht eignet sich jeder glattwandige Behälter mit dicht schließendem Deckel, wie ein Glas- oder Plastikaquarium (Abb. 5). Die Einrichtung besteht aus mehreren Lagen Eierkartons. Zur Eiablage stellt man einen kleinen Plastikbehälter mit einem dicht durchlöcherten Deckel in den Zuchtbehälter (Abb. 13). Ein derartiger Deckel verhindert, daß die Tiere das Ablagesubstrat aus einem Torf-Sand-Gemisch durchwühlen und dabei die Eier zerstören. Die optimale Temperatur liegt zwischen 25 und 30 °C. Die Luftfeuchtigkeit darf nicht unter 60 % absinken. Das Torf-Sand-Gemisch muß regelmäßig angefeuchtet werden, damit die Eier nicht austrocknen. Da die Grillen lichtscheu sind, braucht man keine Zusatzleuchte zum Tageslicht. Für die Wärmeerzeugung genügt ein Rotlichtstrahler, wenn man keinen Raum mit der geforderten Grundwärme zur Verfügung hat.

Südeuropäische Grille *(Gryllus bimaculatus),* Weibchen.

Die Grillen sind als Allesfresser nicht wählerisch. Um den täglichen Wasserbedarf zu decken, verfüttert man Salate, Früchte oder Gemüse. Der Eiweißbedarf wird durch Fütterung von toten Insekten oder Preßlingen für Mäuse, Meerschweinchen oder Hunde gedeckt.

Um die Entwicklung und das Verhaltensspektrum dieser interessanten Grillenart beobachten zu können, sollte man ein Insektarium als Kunsthöhle einrichten (Abb. 12). Hier muß man darauf achten, daß das gesamte Substrat immer gleichmäßig feucht bleibt.

Südeuropäische Grille (Zweifleckgrille)

Gryllus bimaculatus (Gryllidae, Ensifera)

Verbreitung: Mittelmeergebiet, Südkrim, Dagestan, Transkaukasien, Mittel- und Westasien

Lebensraum: Maccie, Trockensteppe
Größe: Weibchen 40, Männchen 35 mm
Nahrung: salatähnliche Pflanzen, trockene Früchte, tote Insekten
Larven: salatähnliche Pflanzen, trockene Früchte, tote Insekten
Entwicklungsdauer: im Ei 12 Tage, Larven 2 Monate
Lebensdauer: 3 Monate

Geflügelte meist tiefschwarz gefärbte Grillen, die ihre Flügel nicht zum Fliegen benutzen. An der Deckflügelbasis befinden sich beiderseits gelbe Flecke, die selten so breit sind, daß sie zu einer Binde zusammenfließen. Die Hinterflügel überragen die Deckflügel um etwa die Hälfte ihrer Länge. Die Farbe der Deckflügel der Männchen ist hellbraun, die der Weibchen braunschwarz. Die Männchen haben rotbraune Hinterbeine.

Biologie: Die Zweifleckgrillen sind im hellen Sonnenlicht aktiv, dann zirpen die Männchen ununterbrochen. Man unterscheidet dabei einen Lockgesang, einen Werbegesang und einen Rivalengesang (Huber 1980). Zu diesem Zweck reiben die Tiere die hochgestellten, sich etwas überlappenden Deckflügel, gegeneinander. Dabei streicht eine verdickte Rippe des einen Flügels über die Schrillkante des anderen und versetzt durch die Reibung die Membranen der Schrillader in Schwingung. Der Rivalengesang ist laut, schrill und abgehackt. Er soll ein Männchen, das in ein Balzrevier eines anderen eingedrungen ist, vertreiben. Ganz dreiste Rivalen werden durch eine Art Ringkampf aus dem Revier vertrieben (s. a. Höhlengrille). Der Lockgesang ist anhaltend und fast gleichmäßig. Dadurch werden die Weibchen angelockt, die ihren Auserwählten mit den Schienen der Beine erhören. Mit dem Werbegesang verführt das Männchen das Weibchen zur Paarung. Kurz nach der Paarung beginnt das Weibchen suchend nach feuchten Stellen umherzulaufen. Der Untergrund wird mit dem Legestachel kontrolliert. Zum Einstechen stemmen sich die Tiere mit den Hinterbeinen etwas hoch, heben den Hinterleib an und stechen den Legestachel nun schräg nach unten ein. In jeden Einstichkanal werden 3–7 Eier gelegt, dicht nebeneinander gepackt und vertikal ausgerichtet. Danach zieht das Weibchen den Legestachel wieder heraus und beginnt, meist dicht daneben, erneut einzustechen. Im Verlauf einer Nacht legt so das Weibchen 200–400 Eier (Dambach und Igelmund 1983).

Haltung und Zucht: Die Zucht erfolgt wie bei der Höhlengrille, nur braucht die Zweifleckgrille eine etwas höhere Temperatur und helles Tageslicht. Am besten ist ein Temperaturrhythmus zwischen 25 °C in der Nacht und 30 °C am Tage bei einem Hell-Dunkel-Wechsel von 12 zu 12 Stunden. Je Zuchtansatz nimmt man 15 Pärchen für einen Behälter.

Steppen-Wanderheuschrecke *(Locusta migratoria).*

Steppen-Wanderheuschrecke
Locusta migratoria (Acrididae, Caelifera)

Verbreitung: Asien, Südeuropa, Nordafrika
Lebensraum: vorwiegend Bodenbewohner, Krautvegetation
Größe: Weibchen 6 cm, Männchen 4 cm
Nahrung: Gräser
Larven: Gräser
Entwicklungsdauer: im Ei 15 Tage, Larven 30 Tage
Lebensdauer: 8 Wochen

Wanderheuschrecken sind seit jeher als Plagegeister der Menschheit in den Tropen und Subtropen bekannt. Sie werden zu Schädlingen, wenn sie sich plötzlich massenhaft vermehren und zu Millionen über die Feldkulturen der Bauern herfallen, um alles Pflanzliche aufzufressen. Bis heute sind die Ursachen der unregelmäßig auftretenden Massenvermehrung der Wanderheuschrecken nicht aufgeklärt. Ein langfristiges internationales Forschungsprojekt soll diesem folgenschweren Phänomen auf den Grund gehen.

Wanderheuschrecken sind bei einer normalen Vermehrungsrate friedliche und keinen Schaden anrichtenden seßhafte Feldheuschrecken. Nur bei einer Massenvermehrung treibt der Hunger die Tiere zur Wanderschaft; die Larven zu Fuß und die Heuschrecken fliegend durch die Luft. Man kann dieses Wanderverhalten bei den Larven durch Nahrungsentzug während der Aufzucht beobachten.

Die Tiere sind hellgrau bis hellbraun gefärbt mit dunkelgrauen und braunen Flecken. Die Flügel sind hellgrau marmoriert. Beide Geschlechter können fliegen. Die Männchen färben sich bei Eintritt der Geschlechtsreife am Körper und an den Beinen gelb.

Die Larven sind braun und schwarz gefärbt.

Biologie: Die Steppen-Wanderheuschrecke *Locusta migratoria* bewohnt in ihrem Verbreitungsgebiet die Trockensteppen und das aus ihr entstandene Kulturland. Sie ernährt sich hauptsächlich von Gräsern. Ihre größte Aktivität entfaltet sie im hellen Sonnenschein und bei hohen Temperaturen.

Während der Paarungszeit schnarren die Männchen, um die Weibchen anzulocken. Die Paarung dauert mehrere Stunden, wobei die Weibchen die Männchen auf dem Rücken umhertragen. Während dieser Zeit kommt es zur Kopulation. Es kann auch vorkommen, daß die Männchen noch während der Eiablage auf den Weibchen sitzen bleiben.

Zur Eiablage bohrt das Weibchen mit ihren hinteren Körperanhängen eine 8 bis 12 cm tiefe Röhre in den Boden. Dabei wird der Hinterleib teleskopartig bis zu dieser Länge ausgedehnt. Die Röhre wird mit einem schaumigen Sekret gefüllt, in das im Durchschnitt 40–50 Eier eingebettet werden. Nach dem Erhärten des Schaumkokons sind die Eier gegen Freßfeinde und Austrocknung geschützt.

Die schlüpfenden Larven befreien sich selbst aus dem Kokon und graben sich zur Oberfläche durch. Sie sind ca. 6 mm groß, weiß und weichlich. Nach dem Aushärten der Kutikula beginnt die Freß- und Wachstumsphase.

Die Verwandlung ist unvollkommen (Hemimetabolie). Die Larven sehen den erwachsenen Heuschrecken also bereits ähnlich.

Haltung und Zucht: Für die Zucht von Wanderheuschrecken sind mindestens zwei Insektarien notwendig. Der eine Zuchtbehälter dient der Paarung und Eiablage, der andere der Aufzucht von Larven. Ein Behälter sollte mindestens den Rauminhalt von einem viertel Kubikmeter umfassen.

Die Form der verwendeten Insektarien ist vielfältig. Der hier empfohlene hat sich dauerhaft bewährt (Abb. 14). Brauchbare Angaben über andere Zucht-

Abbildung 14:
Insektarium für Wanderheuschrecken
1 Vorderansicht, 2 Raum für Belüftung und Eiablagegläser, 3 Seitenansicht, 4 Rückwand, 5 Zwischenboden, 6 Draufsicht, a Lüftung mit feiner Gaze, b Eiablagegläser, c Beleuchtungs- und Heizbirnen, d grobmaschige Gaze, e Aussparung für Eiablagegläser, f Futterklappe.

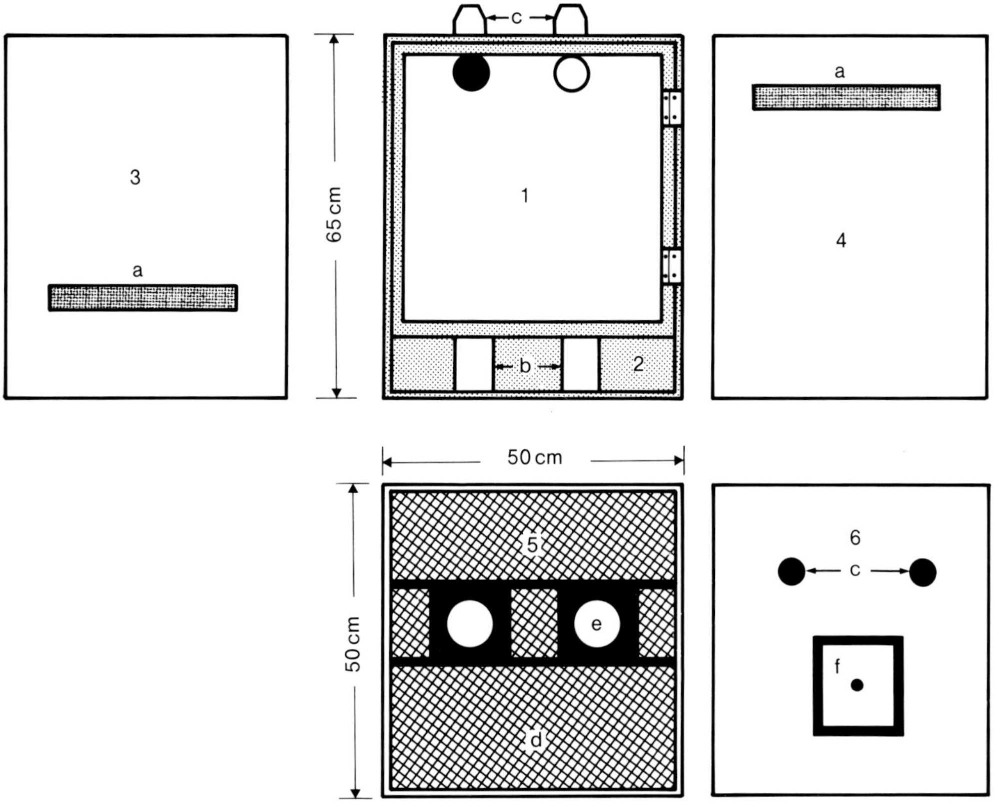

behälter findet man bei FRIEDERICH und VOLLAND (1981). Der Behälter besteht aus wasserfestem Sperrholz und hat einen doppelten Boden (2), der nach vorn offen ist. An der Vorderseite befindet sich eine Glastür (1). In die Seitenwände (3) und Rückwand (4) sind Lüftungsschlitze eingelassen, die mit Gaze überspannt sind. In der Behälterdecke (6) befinden sich eine Futterklappe (f) und zwei Lampenfassungen (c) für eine Heiz- und eine Beleuchtungsbirne. Der Zwischenboden (5) besteht aus einem rostfreien Gitter (d), in dem sich zwei Aussparungen (e) für die Eiablagegläser (b) befinden. Seitenwände und Rückwand müssen aufge-

Abbildung 15:
Eiablagegefäß für Wanderheuschrecken.

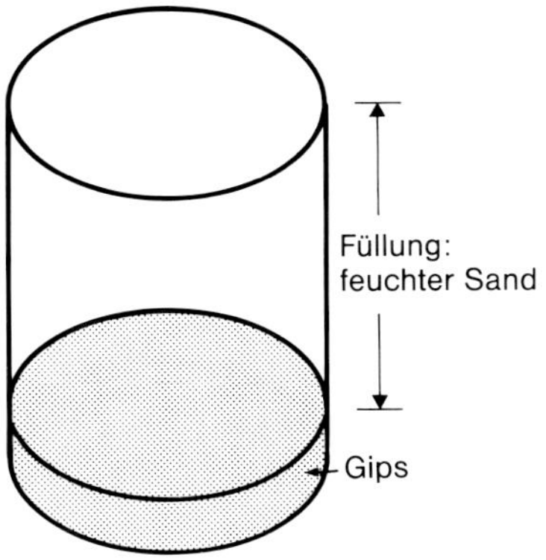

rauht oder mit einer Gaze bespannt sein, damit sich die Heuschrecken zur Häutung gut aufhängen können.

Der offene doppelte Boden und die Lüftungsschlitze in den Wänden sorgen wie bei einem Kamin für eine ständige Durchlüftung des Behälters. Durch das Gitter des Zwischenbodens fallen Kot und Nahrungsreste, die täglich entfernt werden können. Die Temperatur im Insektarium muß tagsüber mindestens 35 °C betragen und kann nachts auf 25 °C absinken. Diese Bedingungen erreicht man mit Hilfe einer dauernd brennenden roten Heizbirne und zusätzlich tagsüber mit der zugeschalteten Beleuchtung (12 Stunden).

Als Gefäße für die Eiablage kann man Einmachgläser (1 Liter) verwenden (Abb. 15). Sie werden mit einer 2 cm dicken Gipsschicht am Boden ausgegossen. Bevor man sie verwendet, muß sich die Gipsschicht voll Wasser gesogen haben. Dann kommt auf die Gipsschicht gut gesäuberter und nicht zu feiner Aquariensand, der sehr feucht und locker bis zum Glasrand aufgefüllt wird. Die Gipsschicht sorgt dafür, daß bis zum Schlüpfen der Larven der Sand von Feuchtigkeit durchzogen wird. Bei stehendem Wasser würden die Eier verfaulen. Es darf auch kein Wasser von oben zum Befeuchten des Sandes nachgegossen werden.

Zur Paarung und Eiablage werden 50 Heuschrecken beiderlei Geschlechts zusammengesetzt. Mit den ersten Paarungen werden die Eiablagebehälter eingesetzt. Nach 12 Tagen werden sie ausgewechselt und zum Schlupf der Larven in den Aufzuchtbehälter gestellt.

Die Wanderheuschrecken haben einen großen Futterbedarf; sie müssen zweimal am Tag gefüttert werden. Das Futter darf nie naß sein. Stehen nicht genug Freilandgräser zur Verfügung, so kann man sich Getreidekeimlinge (am besten Weizen) ziehen (siehe FRIEDERICH und VOLLAND 1981). Saftiges Futter darf nicht verfüttert werden. Es führt zu Durchfall und damit zum Tod der Wanderheuschrecken. Trinkwasser benötigen Wanderheuschrecken nicht. Die Steppen-Wanderheuschrecke ist äußerst schreckhaft und schnell in ihrem Bewegungsverhalten.

Wüsten-Wanderheuschrecke *(Schistocerca gregaria).*

Wüsten-Wanderheuschrecke
Schistocerca gregaria (Acrididae, Caelifera)

Verbreitung: Nordafrika, Sahara-Randgebiete
Lebensraum: Kraut- und Strauchvegetation
Größe: Weibchen 8 cm, Männchen 6 cm
Nahrung: Gräser, Brombeere (*Rubus* spec.), Blätter von Sträuchern und Bäumen
Larven: Gräser, Brombeere (Rubus spec.), Blätter von Sträuchern und Bäumen
Entwicklungsdauer: im Ei 18 Tage, Larven 35 Tage
Lebensdauer: 8 Wochen
(siehe Steppen-Wanderheuschrecke)
Die Tiere sind schmutziggelb gefärbt. Die Flügel sind dunkelbraun marmoriert. Beide Geschlechter können fliegen. Die Männchen färben sich bei Eintritt

der Geschlechtsreife am Körper und an den Beinen leuchtend gelb. Die Larven sind leuchtend gelb, grün und schwarz gefärbt.

Biologie Die Wüsten-Wanderheuschrecke *Schistocerca gregaria* bewohnt in ihrem Verbreitungsgebiet die Wüstenrandgebiete und Halbwüsten. Sie ernährt sich von Gräsern, Kräutern und Laubblättern. Ihre größte Aktivität entfaltet sie im hellen Sonnenschein und bei hohen Temperaturen.

Während der Paarungszeit schnarren die Männchen, um die Weibchen anzulocken. Die Paarung dauert mehrere Stunden, wobei die Weibchen die Männchen auf dem Rücken herumtragen. Während dieser Zeit kommt es zur Kopulation. Es kann auch vorkommen, daß die Männchen noch während der Eiablage auf den Weibchen sitzen bleiben.

Zur Eiablage bohrt das Weibchen mit ihren hinteren Körperanhängen eine 8–12 cm tiefe Röhre in den Boden. Sie dehnt dabei den Hinterleib teleskopartig bis zu dieser Länge aus. Die Röhre wird mit einem schaumigen Sekret gefüllt, in das im Durchschnitt 40–60 Eier eingebettet werden. Nach dem Erhärten des Schaumkokons sind die Eier gegen Freßfeinde und Austrocknung geschützt.

Die schlüpfenden Larven befreien sich selbst aus dem Kokon und graben sich zur Oberfläche durch. Sie sind ca. 6 mm groß, weiß und weichlich. Nach dem Aushärten der Kutikula beginnt die Freß- und Wachstumsphase. Die Verwandlung ist unvollkommen (Hemimetabolie).

Haltung und Zucht: Siehe Steppen-Wanderheuschrecke. Die Wüsten-Wanderheuschrecke stellt etwas andere Futteransprüche als die Steppen-Wanderheuschrecke. Um eine erfolgreiche Zucht durchzuführen, muß man zusätzlich zum Gras oder Keimweizen noch frische Laubblätter reichen. Am besten ist Brombeerlaub, denn es steht fast das ganze Jahr aus dem Freiland zur Verfügung und wird von Larven und erwachsenen Heuschrecken am liebsten gefressen. Diese Art ist für die Liebhaberzucht besser geeignet als die Steppenheuschrecke, da ihr Bewegungsverhalten ruhiger ist.

Schaumschrecke

Aularches milliaris (Pyrgomorphidae, Acridoidea, Caelifera)

Verbreitung: Indo-Malaysisches Archipel
Lebensraum: Strauchvegetation
Größe: Weibchen 7 cm, Männchen 5 cm
Nahrung: Brombeere (*Rubus* spec.), Seidenpflanzengewächse (Asclepiadaceae)
Larven: Brombeere (*Rubus* spec.), Seidenpflanzengewächse (Asclepiadaceae)
Entwicklungsdauer: im Ei 4 Monate, Larven 3 Monate
Lebensdauer: 4 Monate

Schaumschrecke *(Aularches milliaris).*

Eine farbenfrohe Heuschrecke (schwarz, weiß, orange, gelb, grün, rot). Wobei die prächtigen Farben ihren Freßfeinden als Warnung dienen, daß Pyrgomorphidae schlecht schmecken und faulig riechen sowie von widerlichen Drüsensekreten geschützt werden (SKAIFE, LEDGER und BANNISTER 1981). Sie schützen sich außerdem durch eine schäumende Flüssigkeit, die bei den Ansätzen der Hinterbeine austritt. Die Flügeldecken sind olivgrün mit gelben Flecken. Der Halsschild ist hinter dem Kopf orange, auf der Oberseite schwarz und an den Seiten weiß gefärbt. Der Kopf ist von oben nach unten schwarz-weiß und dann grünbläulich. Die Brust ist rot und der Hinterleib abwechselnd schwarz und rot geringelt. Die Weibchen tragen am Hinterleib vier harte hornige Spitzen. Die Männchen sind kleiner als die Weibchen und haben eine weiche runde Spitze am Hinterleib.

Diesen Heuschrecken fehlt das Schrillorgan. Trotzdem verfügen sie über gut entwickelte Ohren (Trommelfelle). Diese befinden sich hinter der Brust beiderseits in der Mitte des ersten sichtbaren Hinterleibsringes. Wenn die Flügel gehoben werden, sind sie mit bloßem Auge deutlich als runde Vertiefungen am Körper zu erkennen (SKAIFE, LEDGER und BANNISTER 1981).

Biologie: Als tagaktive Tiere leben die Schaumschrecken und die zwei folgenden Arten im Geäst von Sträuchern, wo sie träge umherwandern und ab und zu Nahrung zu sich nehmen. Die Begattung findet ebenfalls auf der Nahrungspflanze statt.

Zur Eiablage wandern die Weibchen auf den Erdboden. Die Hinterleibsspitze wird gegen den Boden gepreßt und durch ständigen Druck und leichtes Drehen in die Erde gebohrt. Das Weibchen beginnt mit der Eiablage, wenn der Hinterleib so weit in der Erde steckt, daß Kopf, Brust und Beine auf der Oberfläche liegen. Die länglichen Eier werden von einem schaumigen Sekret umgeben, das die Erdpartikel bindet, so daß eine Art Kapsel entsteht.

Die schlüpfenden Larven sind von einem Hautmantel umgeben, der sie beim Graben durch die Erde schützt. Der Hautmantel wird unmittelbar nach Erreichen der Oberfläche abgestreift. Die Junglarven klettern dann schnell auf ihre Futterpflanze.

Haltung und Zucht: Die Schaumschrecke, die Grüne Guayana-Heuschrecke und die Regenbogenschrecke werden in Raupenkästen gehalten (Abb. 17). Alle drei Arten brauchen keine hohe Luftfeuchtigkeit. Die Tagestemperatur muß aber über 25 °C liegen, damit die Tiere gut fressen und auch zur Begattung (Kopula) gelangen. Als Tagtiere brauchen sie einen hellen Standort oder eine künstliche helle Lichtquelle.

Die als Futter dienenden Brombeerranken werden bogenförmig durch den Zuchtkasten gelegt, damit die Tiere daran umherklettern können. Zur Eiablage wird in einer Ecke ein Eiablagebehälter, wie ihn Abb. 13 zeigt, aufgestellt. Die Weibchen müssen aber Gelegenheit haben, auf die Substratoberfläche zu gelangen. Nach mehreren Eiablagen wird der belegte Behälter gegen einen neuen ausgetauscht. Die Behälter mit den Eiern werden gleichmäßig feucht und warm (22 °C), am besten in einem Brutschrank, bis zum Schlupf aufgestellt.

Regenbogenschrecke *(Romalea microptera).*

Regenbogenschrecke
Romalea microptera (Romaleidae, Acridoidea, Caelifera)

Verbreitung: Florida
Lebensraum: Strauchvegetation
Größe: Weibchen 7 cm, Männchen 5 cm
Nahrung: Brombeere (*Rubus* spec.), Eiche (*Quercus* spec.)
Larven: Brombeere (*Rubus* spec.), Eiche (*Quercus* spec.)
Entwicklungsdauer: im Ei 3 Monate, Larven 2 Monate
Lebensdauer: 4 Monate

Eine schwarze Heuschrecke mit gelben Markierungen am Körper und roten Flecken auf den Flügeldecken.
Biologie: ähnlich wie *Aularches miliaris*, aber ohne Wehrdrüsen.
Haltung und Zucht: Siehe *Aularches miliaris*

Grüne Guayana-Schrecke
Prinolopha serrata (Acridoidea, Caelifera)

Verbreitung: Guayana
Lebensraum: Kraut-, Strauchvegetation

Oben: Grüne Guayana-Schrecke *(Prinolopha serrata),* Pärchen.
Unten: Langkopfheuschrecke *(Proscopia oculata),* Weibchen.

Langkopfheuschrecke *(Proscopia oculata),*
Weibchen bei der Eiablage.

Größe: Weibchen 7 cm, Männchen 4 cm
Nahrung: Brombeere (*Rubus* spec.)
Larven: Brombeere (*Rubus* spec.)
Entwicklungsdauer: im Ei 6 Monate, Larven 6 Monate
Lebensdauer: 6 Monate

Eine grüne Heuschrecke. Der buckelförmige Halsschild ist weiß gerandet.
Biologie: ähnlich wie *Aularches miliaris*, aber ohne Wehrdrüsen
Haltung und Zucht: Siehe *Aularches miliaris*

Langkopfheuschrecke
Proscopia oculata (Proscopiidae, Acridoidea, Caelifera)

Verbreitung: Brasilien (MELLO-LEITAO 1939)
Lebensraum: Strauchvegetation, Grassteppe
Größe: Weibchen 14 cm, Männchen 8,5 cm
Nahrung: Brombeere (*Rubus* spec.), Eiche (*Quercus* spec.)
Larven: Brombeere (*Rubus* spec.), Eiche (*Quercus* spec.)

Entwicklungsdauer: im Ei 5 bis 12 Monate, Larven 6 Monate
Lebensdauer: bis 8 Monate

Die Arten dieser Heuschreckenfamilie sind auf Südamerika beschränkt. Ihre Körpergestalt ähnelt sehr den Stabschrecken. Damit fallen sie völlig aus dem Rahmen der Feldheuschrecken. Sie haben eine stabförmige Körperform, sind flügellos mit dünnen Vorder- und Mittelbeinen. Die Hinterbeine sind lange und dünne Sprungbeine. Der Kopf ist stark verlängert. Am äußersten Ende sitzen die vorgequollenen Augen und die kurzen Fühler (KELER 1963). Der Halsschild ist sehr stark verlängert und röhrenförmig geschlossen (GÜNTHER et al. 1969). Die Männchen sind wesentlich dünner als die Weibchen. Die Weibchen sind einheitlich bräunlich marmoriert gefärbt. Die Männchen haben eine grünlich-bläuliche Färbung. Die Proscopiidae sind stumm und taub (RIETSCHEL 1969).

Biologie: Die Tiere bewohnen Buschsteppen, wo sie sich vorwiegend an hohen Gräsern aufhalten. Mit ihren ziemlich langen Beinen bewegen sie sich schreitend vorwärts. Vom Sprungvermögen machen sie fast nur im Notfalle Gebrauch (GÜNTHER et al. 1969).

Die Eier werden in die oberste Bodenschicht abgelegt. Dabei bohren die Weibchen ihren Hinterleib bis zu den Hinterbeinen senkrecht ein (Abb. Seite 78).

Haltung und Zucht: Die erwachsenen Tiere werden in einem hohen, geräumigen Insektenkasten gehalten (Abb. 7 und 10). Eine 3 cm hohe Schicht aus feinem, feuchtem Torf sorgt für gleichmäßige Luftfeuchtigkeit. Die durchschnittliche Haltungstemperatur beträgt 22 °C. Eine geringe Nachtabsenkung der Temperatur ist sowohl für die erwachsenen Tiere als auch für die Larven vorteilhaft.

Die als Futter dienenden Brombeerranken werden bogenförmig durch den Zuchtkasten gelegt, damit die Tiere daran umherklettern können. Zur Eiablage wird in einer Ecke ein Eiablagebehälter, wie ihn Abb. 13 zeigt, aufgestellt. Die Weibchen müssen aber Gelegenheit haben, auf die Substratoberfläche zu gelangen. Nach mehreren Eiablagen wird der belegte Behälter gegen einen neuen ausgetauscht. Die Behälter mit den Eiern werden gleichmäßig feucht und warm (22 °C), am besten in einem Brutschrank, bis zum Schlupf aufgestellt.

Abbildung 16:
Bauplan der Wanzen (Heteroptera), schematisch.

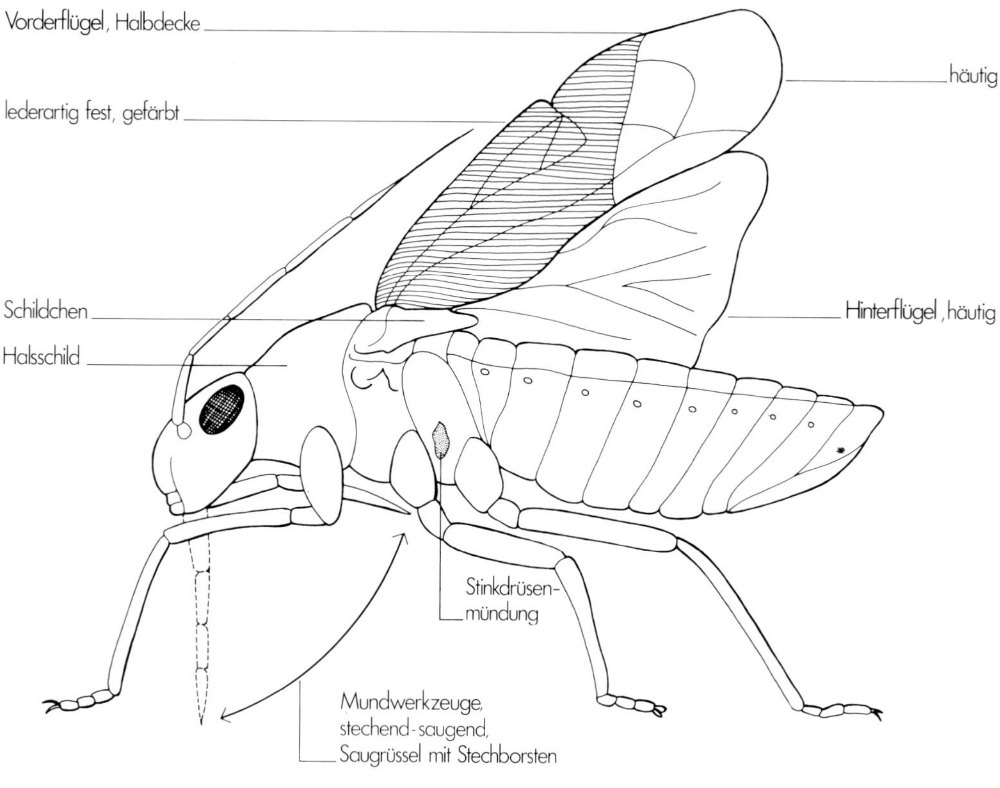

Wanzen (Heteroptera)

Milchkrautwanze
Oncopeltus fasciatus (Lygaeidae)

Verbreitung: USA, außer im Nordwesten
Lebensraum: Boden- und Krautvegetation
Größe: Weibchen 18 mm, Männchen 17 mm
Nahrung: ölhaltige Samen, saftige Kräuter
Larven: ölhaltige Samen, saftige Kräuter
Entwicklungsdauer: im Ei 6 Tage, Larven 30 Tage
Lebensdauer: mehr als 1 Monat

Die Milchkrautwanze ist eine für den Menschen harmlose Wanze und gehört zu den Pflanzensaugern. Sie ist schwarz

Milchkrautwanze *(Oncopeltus fasciatus)*.
Rechts: Larvengemeinschaft.

und orangegelb gefärbt. Der Körper ist an Brust und Hinterleibsende schwarz. Die Halsschildseiten sind schwarz gebändert. Die Flügel sind vorn orange und hinten gelblich und schwarz. Ein schwarzes breites Band zieht quer über die Flügelmitte. Männchen und Weibchen sind gleich gefärbt. Die Eier sind sehr klein und orange-rot. Die kleinen Larven sind leuchtend rot, die älteren orange mit schwarzen Flecken.

Biologie: Die Milchkrautwanze hält sich in lockeren Kolonien auf niederen Sträuchern und Kräutern auf. Dort und auf dem Boden saugt sie mit ihrem Stechrüssel ölhaltige Samen aus. Ihren Wasserbedarf deckt sie, indem sie aus frischen grünen Grashalmen das Wasser heraussaugt. Ungefähr 50 % der Männchen und Weibchen einer Kolonie können fliegen (FEIR 1974). Während der Kopulation laufen die Partner mit abgewandten Köpfen, der eine vorwärts, der andere rückwärts, umher. Die Weibchen legen die Eier in die Spalten von Samenhülsen. Ein Weibchen legt ungefähr 30 Eier pro Tag, während ihres Lebens bis zu 2000 Eier. Die Larven bilden Gemeinschaften, indem sich viele junge Larven um wenige ältere scharen. Die Ursachen dieses Verhaltens sind bisher unerforscht. Die Verwandlung ist unvollkommen.

Abbildung 17:
Tellertränke für die Milchkrautwanze
(Oncopeltus fasciatus).

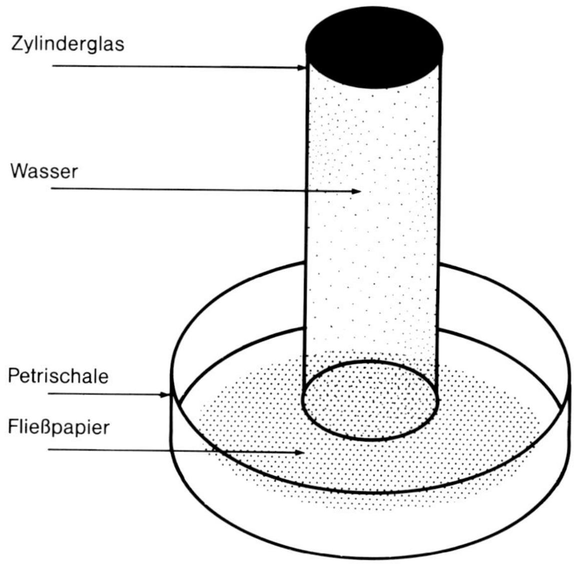

Haltung und Zucht: Als Zuchtbehälter eignet sich wieder ein Plastik- oder Glasbehälter (Abb. 5). Der Boden wird 3 cm mit fast trockenem lehmigen Sand bedeckt. Eine flache Schale zur Aufnahme des Futters wird so auf den Boden gestellt, daß die Wanzen an das Futter gelangen können. Am besten eignen sich geschälte Sonnenblumenkerne. Zur Wasserversorgung kann man eine Tellertränke (Abb. 17) aufstellen oder täglich etwas frischen Salat oder saftige Obststückchen in den Behälter legen. Noch besser ist es, wenn man Getreidekeimlinge in kleinen Blumentöpfen aufstellt. Sie sorgen gleichzeitig für die nötige geringe Luftfeuchtigkeit.

Für die Eiablage nimmt man ein rundes Korkrindenstück, unter das man tischtennisballgroße Wattebäusche klemmt, in denen die Eier in kleinen Klumpen abgelegt werden.

Der Besatz an Tieren darf nicht zu dicht werden, da sonst der Zuchtansatz plötzlich abstirbt. Sobald die Behälter durch die Kotabgabe der Wanzen verölt sind, müssen sie gewechselt und mit heißem Wasser und Entspannungsmittel gesäubert werden. Beim Umsetzen der Tiere in einen sauberen Behälter werden mehrere tote Wanzen zugegeben, an denen die jungen Larven saugen. Wenn man die toten Tiere ständig aus den Behältern entfernt, gehen die Larven ein.

Zweifleckraubwanze *(Platymeris biguttata).*

Zweifleck-Raubwanze
Platymeris biguttata (Reduviidae)

Verbreitung: Guinea
Lebensraum: Bodenvegetation
Größe: Weibchen 37 mm, Männchen 35 mm
Nahrung: Insekten
Larven: Insekten
Entwicklungsdauer: im Ei 1 bis 2 Monate, Larven ca. 6 Monate
Lebensdauer: bis zu 1 Jahr

Die Zweifleckwanze ist eine Raubwanze und Blutsauger an Insekten. Sie ist voll geflügelt. Der Körper ist schwarz. Die Vorderflügel sind schwarz mit zwei gelblich-weißen runden Augenflecken von 3 mm Durchmesser. Die Schenkel der erwachsenen Tiere und der Larven sind breit gelb-gebändert. Männchen und Weibchen sind gleich gefärbt.

Die Eier sind hellbraun mit einem weißlichen Eideckel. Die frisch gehäuteten Larven sind weinrot und werden dann im Verlauf einiger Tage schwarz. Auf dem Kopf hinter den Augen sitzen zwei Punktaugen (Ocellen).

Biologie: Die Zweifleckwanze ist auf Bodeninsekten als Nahrung spezialisiert. Sie lauert im Versteck auf ihre Beute und sticht blitzschnell mit ihrem stilettarti-

Zweifleckraubwanze *(Platymeris biguttata)*, frisch gehäutete Larve.

gen Rüssel zu. Das Beuteinsekt ist durch das gleichzeitig eingespritzte Gift, das auch Verdauungssekret ist, sofort gelähmt und wird ausgesaugt. Die Eier werden einzeln und verstreut auf dem Boden abgelegt. Die frisch geschlüpften Larven sind flinke Läufer und erbeuten entsprechend ihrer Größe bereits andere Insekten. Die Verwandlung ist unvollkommen.

Haltung und Zucht: Die Zucht und Haltung erfolgt in einem Plastik- oder Glasbehälter (Abb. 5). Auf einem 3 cm hohen, leicht feuchten Sand-Torf-Gemisch werden Korkrindenstücke verteilt. Wenn man das Substrat gleichmäßig feucht hält, reicht die dadurch im Behälter herrschende Luftfeuchtigkeit aus. Die Temperatur kann um die 25 °C leicht schwanken.

Die Eier werden abgesammelt und bis zum Schlupf der Larven bei 25 °C in einer Plastikdose aufbewahrt (Abb. 8).

Das Futter besteht aus frisch geschlüpften Heimchen oder Grillen für die kleinsten Larven und reicht bis zur Wanderheuschreckengröße für die erwachsenen Tiere. Bei regelmäßiger Fütterung nehmen die Zweifleckwanzen mit der Nahrung genügend Flüssigkeit auf, so daß eine Tränke überflüssig ist.

Das Hantieren mit den größeren Larven und den erwachsenen Wanzen ist nicht ungefährlich. Auf keinen Fall darf man die Tiere mit bloßen Händen anfassen. Am besten benutzt man eine mittelstarke Pinzette. Handschuhe werden durchstochen! Ein Stich in den Finger verursacht heftige Schmerzen entlang des Armes bis über die Brust, die bis zu 24 Stunden anhalten können. Beim Hantieren mit der Pinzette muß man eine Schutzbrille tragen. Die eingeklemmten Tiere können ihren Rüssel gezielt in Richtung der Augen drehen und einen scharfen Giftstrahl mindestens 30 cm weit abschießen. Das Gift ist ätzend (Eiweiß zersetzend). Werden die Augen getroffen, so kommt es zu einer schmerzhaften Schädigung der Hornhaut. In diesem Fall muß schnellstens ein Augenarzt aufgesucht werden.

Abbildung 18:
Bauplan der Käfer (Coleoptera), schematisch.

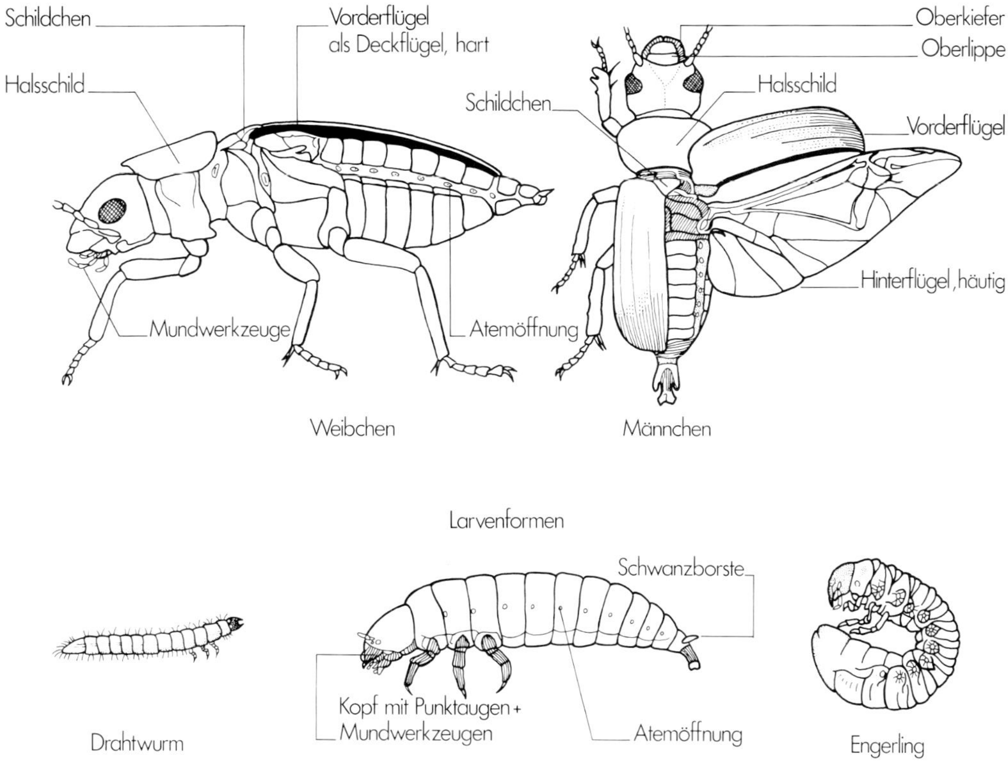

Käfer (Coleoptera)

Indischer Steppenlaufkäfer

Pachymorpha sexguttata (Carabidae)

Verbreitung: Indische Steppengebiete
Lebensraum: Steppenboden
Größe: Weibchen 45 mm, Männchen 45 mm
Nahrung: Heuschrecken, große Schmetterlingsraupen, Grillen, Insektenlarven
Larven: Ameisen
Entwicklungsdauer: im Ei ca. 4 Wochen, Larven 3 Monate, Puppe ca. 4 Wochen
Lebensdauer: mehrere Jahre

Der Indische Steppenlaufkäfer (*Pachymorpha sexguttata*) ist in den Steppengebieten häufig. Es ist ein großer, schwarz gefärbter Käfer mit sechs großen weißen Punkten auf der Oberseite. Zwei Punkte liegen an den Seiten des Halsschildes,

Indischer Steppenlaufkäfer *(Pachymorpha sexguttata)*, Männchen.

vier auf den harten Deckflügeln. Die Käfer haben große Kieferzangen und lange kräftige Beine. Die Hinterflügel sind verkümmert (STEBBING 1977, KALYANAM 1967); die Käfer sind daher nicht flugfähig. Die Männchen sind an den verbreiterten Vorderfußgliedern von den Weibchen zu unterscheiden.

Die Larven sind schwarz-braun gefärbt und stark behaart. Sie tragen am Hinterleibsende zwei kurze kolbenförmige Anhänge. Die anfangs weiße Puppe ist eine »freie Puppe« (pupa libera). An ihr sind bereits alle Körperanhänge des fertigen Käfers zu sehen. Die weißlichgelben Eier sind ca. 7 mm lang.

Biologie: Die Käfer jagen hauptsächlich tagsüber ihre Beute. Sie suchen dabei den Boden ab und klettern auch auf Baumstümpfe und abgestorbene Bäume (STEBBING 1977). Die Weibchen besitzen keine Samentasche, in der sonst Insekten nach der Kopula befruchtungsfähigen Samen aufbewahren. Die Anzahl der auf einmal abgelegten Eier ist gering (2–6). Aus diesem Grund kopulieren die Paare häufig und die Weibchen legen über einen längeren Zeitraum mehrmals Eier ab.

Die Kopula zieht sich mehrere Stunden hin. Zur Eiablage graben die Weibchen über 15 cm lange Gänge bis zu 10 cm tief in den Boden; meistens im Bereich der Wurzeln von kleinen Sträuchern und in der Nähe von Ameisennestern. Am Ende des Ganges wird eine Bruthöhle angelegt. Die enorm großen Eier werden hängend an der Decke der Bruthöhle befestigt (PAARMANN mdl. Mitt.). Das Weibchen verläßt danach die Bruthöhle und verschließt den Gang mit Erde.

Die geschlüpften Larven graben sich selbständig dem Gang folgend an die Oberfläche, wo sie sich wahrscheinlich in der Nähe von Ameisennestern aufhalten, Gänge graben und dort die eindringenden Ameisen erbeuten. Durch die starke Behaarung der Larven werden angreifende Ameisen vom Larvenkörper abgehalten. Zur Häutung und Verpuppung wird der Gang zur Höhle erweitert und allseitig geschlossen. Die Puppe liegt auf borstigen Haaren auf dem Rücken.

Haltung und Zucht: Für die Haltung benötigt man ein ziemlich großes Aquarium, das man mit einem Aufsatz versieht (Abb. 19). Das Aquarium wird mindestens 30 cm hoch mit einer nicht zu lockeren lehmigen Erde gefüllt. In das Substrat werden größere Steine eingebettet. Auf die Substratoberfläche werden ein kleiner Stubben und mehrere größere Steine gesetzt. Ein Becken dieser Größe kann mit bis zu 10 Käfern besetzt werden, davon aber nur drei Männchen.

Die Käfer brauchen eine Grundwärme von 25 °C und Strahlungswärme am Tag, die an einer Stelle des Beckens 35 °C betragen kann. Am besten strahlt man einen größeren Stein oder ein großes Holzstück an. Darauf »sonnen« sich die Käfer. Entsprechend den natürlichen Lichtverhältnissen ihres Lebensraumes wird ein künstlicher zwölfstündiger Tag-Nacht-Rhythmus geboten. Die Käfer sind immer hungrig, entsprechend muß viel gefüttert werden. Wanderheuschrecken und Grillen sind am besten geeignet, verhindern aber als Alles-Pflanzenfresser ein Bepflanzen des Behälters.

Beim Umgang mit diesen Käfern ist Vorsicht geboten. Die riesigen Kieferzangen verursachen schmerzhafte Bißwunden. Außerdem besitzen die Käfer am Hinterleibsende Wehrdrüsen, aus denen bei Gefahr ein ätzendes Sekret mit hohem Druck abgespritzt wird. Das Sekret verätzt Acrylglas (Plexiglas).

Die Zucht ist nur möglich, wenn man über einen längeren Zeitraum lebende Ameisen zur Verfügung hat. Um die Larven zu bekommen, gibt es zwei Möglichkeiten. Entweder man kann die Larven im Haltungsbecken schlüpfen lassen oder man gräbt die Eier vorsichtig aus und erbrütet sie in einem gesonderten Brutbehälter. Im ersteren Fall setzt man die Käfer in ein zweites Haltungsbecken.

Abbildung 19:
Insektarium für Steppenlaufkäfer.

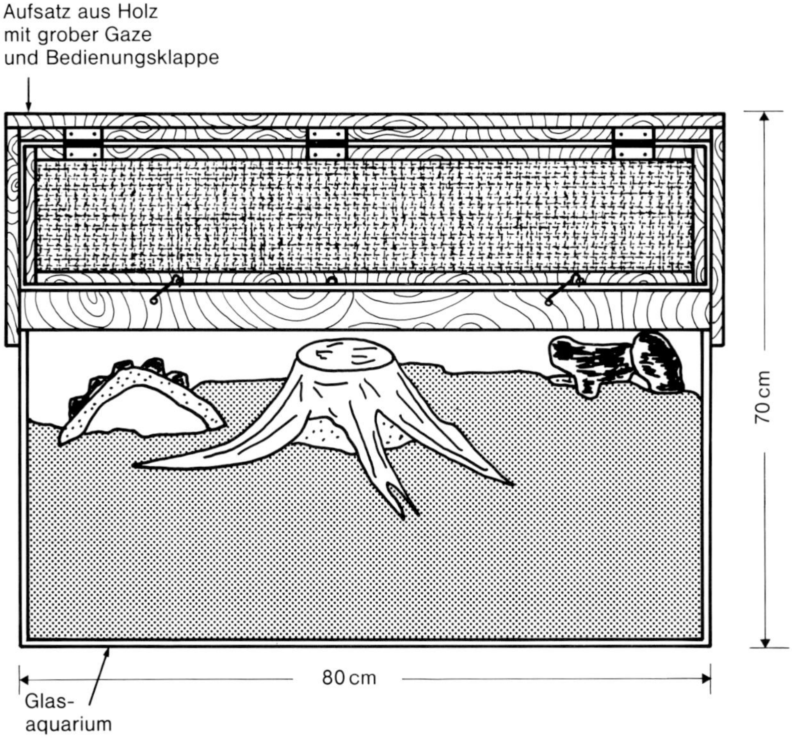

Wenn die Larven an die Oberfläche kommen, sammelt man sie ab und setzt sie einzeln in Acrylglasdosen, die zu zwei Drittel mit feinstem, ziemlich feuchten Seesand gefüllt sind. Im zweiten Fall werden die Eier einzeln in eine solche Dose gelegt. Vorher aber wird in den feuchten Sand eine Kuhle gedrückt, in die das Ei gelegt wird. Die Kuhle wird dann mit einer Tonscherbe ziemlich dicht abgedeckt (Abb. 20).

Für die Erbrütung und Aufzucht der Larven ist kein Licht notwendig. Die Temperatur muß aber konstant 28 °C betragen. Vor der Häutung fressen die Larven nicht mehr. Wenn man dies beobachtet, wird nicht mehr gefüttert und die noch lebenden Ameisen werden abgesammelt. Erst nach der Häutung darf die Larve wieder gestört werden. Das wird notwendig, wenn die Larve sich nicht von selbst aus der Häutungshöhle

Westasiatischer Steppenlaufkäfer
(Pachymorpha mannerheimi), Männchen.

Abbildung 20:
Brutbehälter für Steppenlaufkäfereier und -larven.

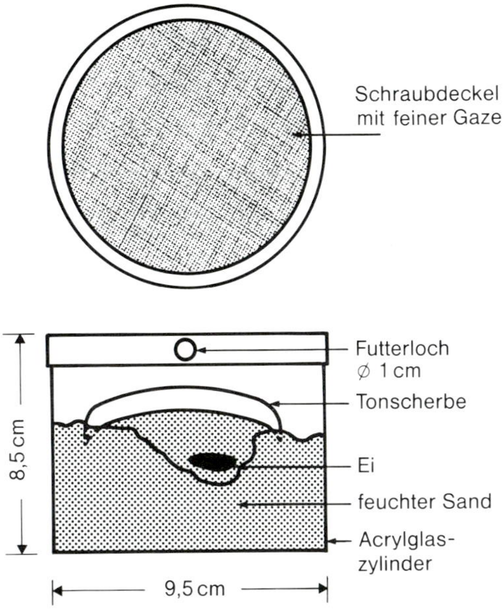

befreien kann (Substratverfestigung). Der Sand darf nicht austrocknen.

Westasiatischer Steppenlaufkäfer
Pachymorpha mannerheimi (Carabidae)

Verbreitung: Armenien, Persien, Transkaspien
Lebensraum: Steppenboden
Größe: Weibchen 4 cm, Männchen 4 cm
Nahrung: Heuschrecken, große Schmetterlingsraupen, Grillen
Larven: unbekannt
Entwicklungsdauer: im Ei unbekannt, Larven unbekannt, Puppe unbekannt
Lebensdauer: mehrere Jahre

Im Aussehen gleicht dieser Laufkäfer *Pachymorpha sexguttata*. Die Männchen haben aber einen anderen Halsschild; die Halsschildhinterecken sind lang und breit nach hinten ausgezogen.
Biologie: Siehe *Pachymorpha sexguttata*
Haltung und Zucht: Haltung: Siehe *Pachymorpha sexguttata*
Zucht: wahrscheinlich wie bei *Pachymorpha sexguttata*

Herkuleskäfer *(Dynastes hercules)*.
Links: Weibchen, rechts: Männchen.

Herkuleskäfer (Riesennashornkäfer)
Dynastes hercules (Scarabaeidae, Dynastinae)

Verbreitung: Tropisches Südamerika, Antillen
Lebensraum: Strauch- und Baumvegetation
Größe: Weibchen 5–7 cm, Männchen 5–10 cm
Nahrung: saftige Früchte
Larven: vermodertes Laubholz
Entwicklungsdauer: im Ei 4–6 Wochen, Larven 16–24 Monate, Puppe 6 Wochen
Lebensdauer: bis 6 Monate

Der Herkuleskäfer oder Riesennashornkäfer gehört zur umfangreichen Familiengruppe der Blatthornkäfer (Lamellicornia). Sie haben Fühler, deren Enden aus Kämmen oder Fächern bestehen, die wiederum aus blattartigen Gliedern zusammengesetzt sind. Die Riesen- (Dynastinae), Goliath- (Goliathinae) und Rosenkäfer (Cetoniinae) gehören zur Familie der Scarabaeidae. Sie alle fressen pflanzliche Nahrung.

Die Larven werden als Engerlinge bezeichnet. Die Engerlinge leben im Boden und ernähren sich von Wurzeln oder von faulenden oder vermodernden Pflanzenresten. Der Körper ist elfenbeinfarbig, die Beine und der Kopf sind stark chitinisiert und kräftig braun gefärbt.

Die Männchen und Weibchen des Herkuleskäfers sind flugfähig. Das Männchen hat bei einer Körpergröße von 10 cm eine Flügelspannweite von ungefähr 22 cm. Das Horn auf dem Halsschild des Männchens variiert in der Größe zwischen 5 und 7 cm. In seiner vorderen Hälfte hat es zwei nach außen weisende Zähnchen. Das etwas kürzere Horn auf der Stirn hat mehrere nach oben gerichtete Zähnchen.

Die Färbung der Flügeldecken des Männchens ist abhängig von der Feuchtigkeit der umgebenden Luft. Sie reicht von tief schwarzbraun-glänzend bei einem Tier, das gerade aus der Erde kommt, bis olivbraun-glänzend. Der Körper ist wenig auffällig behaart. Die Weibchen haben außer einem kleinen Stirnhöcker keinen Kopfschmuck. Die Flügeldecken sind regelmäßig skulptuiert und seidenmatt. Der Körper ist goldbraun behaart.

Die riesigen Engerlinge im letzten Larvenstadium sind ein begehrter Leckerbissen der Eingeborenen. Sie haben dann eine Länge von ca. 18 cm und ein Gewicht von etwa 100 g.

Biologie: Der Herkuleskäfer ist ein Bewohner des Regenwaldes. Er bevorzugt überreife, weiche und saftige Früchte, die auch schon in Gärung übergegangen sind. Er findet seine Nahrung auf dem Boden, aber besonders gern steigt er auf die Bäume, um dort Futter zu suchen. Seine Beine sind hervorragend zum Klettern geeignet, sie sind lang und die Füße haben kräftige Krallen. Neue Nahrungsquellen erreicht er fliegend.

Die Käfer halten sich manchmal tagelang an einer Frucht auf, bis sie vollständig ausgelutscht ist. Am Futterplatz und bei der Werbung um das Weibchen duldet das Männchen keinen Nachbarn, hier setzen die Männchen ihre Hörner ein. Durch Heben des Kopfes kann das Stirnhorn gegen das andere Horn bewegt werden, wodurch das Männchen eine wirkungsvolle Zange besitzt, um den Nebenbuhler wegzutragen. Die Kraft dieser Zange ist so groß, daß dabei die harten Flügeldecken des Kontrahenten eingedrückt werden können.

Nach der Kopulation graben sich die Weibchen in mulmigem Boden tief ein, um Eier zu legen. Die Eier werden ein-

Herkuleskäfer *(Dynastes hercules)*,
Männchen eine Bananenstaude erklimmend.

zeln im Fraßsubstrat der Larven in kleinen Höhlen abgelegt. Während des etwa einhalbjährigen Lebens legt ein Weibchen rund hundert Eier ab. Die frisch geschlüpften Larven ernähren sich zunächst von kleinen Holzfasern in ihrer nächsten Umgebung. Mit zunehmender Größe wandern sie durch das Substrat und fressen dann auch härteres, aber morsches Holz. Mit Hilfe von Darmbakterien sind sie in der Lage, Zellulose zu verdauen.

Die Verwandlung ist vollkommen (Holometabolie). Der Engerling verpuppt sich im Erdreich in einer selbstgebauten eiförmigen Höhle mit einer festen Wand aus zusammengedrücktem Erdreich, das mit einem erhärtenden Sekret des Engerlings verfestigt wird. Nach der Puppenruhe schlüpft der Käfer in dieser Höhle und verbleibt dort noch, bis sein Außenskelett und die Flügel vollständig ausgehärtet sind. Dann gräbt er sich einen Gang zur Erdoberfläche.

Haltung und Zucht: Die Haltung und Zucht dieser Käfer erfordert viel Platz. Für die Haltung benötigt man ein Insektarium mit den Mindestmaßen von 50 × 50 cm in der Grundfläche und 100 cm Höhe. In eine wasserdichte Bodenwanne wird Substrat mindestens 5 cm hoch eingefüllt. Auf das Substrat legt man mehrere kleine Holz- oder Korkrindenstücke, damit sich die Käfer aus dem Weg gehen können. Ein starkes Aststück wird als Kletterast aufrecht in das Insektarium gestellt. Der Ast bekommt eine Mulde zur Aufnahme des Futters.

Als Substrat eignet sich unbehandelter feiner, feuchter Torf. Die Haltungstemperatur liegt zwischen 22 und 25 °C. Strahlungswärme ist im allgemeinen nicht zu empfehlen, da dadurch die Luft zu trokken wird; das Futter trocknet sonst zu schnell aus. Die relative Luftfeuchtigkeit darf 70 % nicht unterschreiten. Durch tägliches Aussprühen des Insektariums mit einem feinen Zerstäuber erzielt man eine einigermaßen gleichbleibende Luftfeuchtigkeit. Um fliegen zu können, benötigen die Käfer eine Starttemperatur von mindestens 30 °C.

Als Futter werden am liebsten überreife Bananen genommen. Weiterhin kann man Mangos, Papayas, aber auch weiche Birnen verfüttern.

Die Zuchttemperatur beträgt konstant 25 °C. Zur Eiablage werden zwei Männchen und drei Weibchen in einem 100 Liter fassenden Aquarium gehalten. Das Becken wird mindestens 30 cm hoch mit morschem Laubholz gefüllt. Das Holz hat dann die beste Konsistenz, wenn man es bereits mit bloßen Händen auseinanderbrechen kann. Beim Befüllen des Beckens entstehende Zwischenräume werden mit einem Gemisch aus Torf und Laubholzmulm aufgefüllt. Das Substrat wird leicht feucht gehalten. Auf alle Fälle ist Staunässe im Becken zu vermeiden. Zur Eiablage graben sich die Weibchen in das Substrat ein.

Bis zur Verpuppung muß während der Larvalentwicklung mehrfach das Substrat gewechselt und die Anzahl der Engerlinge ausgedünnt werden. Der Besatz an Engerlingen pro 100-Liter-Becken kann anfangs 100 Tiere betragen und im letzten Larvenstadium 25 bis 30. Ein Substratwechsel wird erforderlich, wenn die Substrathöhe sich ungefähr halbiert hat, bzw. keine freßbaren Holzanteile mehr enthält. Die Tiere sind zwar nicht kannibalisch, stören sich bei dichtem Besatz aber gegenseitig bei der Häutung und später besonders bei der Verpuppung.

Genügend Platz und nicht zu feuchtes Substrat sind die Voraussetzung für eine erfolgreiche Verpuppung der Engerlinge. Sind die Umstände während der Vorbereitung zur Verpuppung ungünstig, so kommt es insbesondere bei den Männchen zu Mißbildungen an den Hörnern. Die Käfer bleiben mindestens noch zwei Wochen nach dem Schlüpfen in der Puppenhöhle, ehe sie sich ausgraben.

Die Käfer und die Engerlinge werden häufig von Milben befallen. Ein geringer Befall ist nicht nachteilig für die Zucht. Bei einem Massenauftreten der Milben aber ist das Substrat unbedingt zu erneuern. Die Käfer und Engerlinge kann man in handwarmem Wasser mit einer weichen Bürste abbürsten. Aus ihrer Höhle herausgenommene Puppen sterben meist ab oder die Häutung zum Käfer mißlingt.

Warnung: Die größeren Engerlinge besitzen sehr große und starke Kieferzangen, mit denen sie das Holz zerraspeln. Ein Biß in die Finger ist daher äußerst schmerzhaft!

Nordamerikanischer Nashornkäfer
Dynastes tityus (Dynastinae)

Verbreitung: USA: Süd-Indiana, Süd-New York, Pennsylvania, Maryland, Südosten der USA, Texas
Lebensraum: Baum- und Strauchvegetation

Nordamerikanischer Nashornkäfer *(Dynastes tityus)*, Männchen.

Größe: Weibchen bis 4 cm, Männchen bis 6 cm
Nahrung: saftige Früchte
Larven: vermoderndes Hartholz
Entwicklungsdauer: im Ei 4 bis 6 Wochen, Larven 10 bis 15 Monate, Puppe 6 Wochen
Lebensdauer: bis 6 Monate

Die Männchen und Weibchen dieses Käfers sind flugfähig. Gewöhnlich sind sie grünlich-braun gefärbt mit unregelmäßigen bräunlichen bis schwarzen Flecken auf den Flügeldecken. Die Färbung der Flügeldecken ist abhängig von der Feuchtigkeit der umgebenden Luft. Bei hoher Luftfeuchtigkeit sind die Käfer einfarbig braun. Die Weibchen haben außer einem kleinen Stirnhöcker keinen Kopfschmuck. Die Männchen tragen drei Hörner am Vorderrand des Halsschildes. Das mittlere größte Horn ist leicht nach vorn und unten gebogen und auf der Unterseite gelb behaart. Es trifft mit seiner Spitze auf die Spitze des nach oben gebogenen einfachen Horns des Kopfes.

Biologie: Der Nordamerikanische Nashornkäfer ist ein Bewohner der subtropischen bis gemäßigten Wälder im Osten der USA. Die Käfer ernähren sich von verrottenden Früchten. Sie finden ihre Nahrung auf dem Boden. Neue Nahrungsquellen erreichen sie fliegend. Die Käfer halten sich manchmal tagelang an einer Frucht auf, bis sie vollständig ausgelutscht ist. Am Futterplatz und bei der Werbung um die Weibchen dulden die Männchen keinen Nachbarn und setzen dann ihre Hörner ein.

Nach der Kopulation graben sich die Weibchen in verrottende Stämme und Stubben von Laubbäumen tief ein, um Eier zu legen. Die Eier werden einzeln im Fraßsubstrat der Larven in kleinen Höhlen abgelegt. Während des etwa einhalbjährigen Lebens legt ein Weibchen rund hundert Eier. Die frisch geschlüpften Larven ernähren sich zunächst von kleinen Holzfasern in ihrer nächsten Umgebung. Mit zunehmender Größe wandern sie durch das Substrat und fressen dann auch härteres, aber morsches Holz. Manchmal leben sie auch in Hartholzstubben. Mit Hilfe von Darmbakterien sind sie in der Lage, Zellulose zu verdauen. Die Verwandlung ist vollkommen (Holometabolie). Der Engerling verpuppt sich im Erdreich in einer selbstgebauten eiförmigen Höhle mit einer festen Wand aus zusammengedrücktem Erdreich, das mit einem erhärtenden Sekret des Engerlings verfestigt wird. Nach der Puppenruhe schlüpft der Käfer in dieser Höhle und verbleibt dort noch, bis sein Außenskelett und die Flügel vollständig ausgehärtet sind. Dann gräbt er sich einen Gang zur Erdoberfläche.

Vielfach findet man im Herbst eine Anhäufung von Käfern in faulen Eschenstubben (Arnett 1985).

Haltung und Zucht: Für die Haltung benötigt man ein Insektarium von ca. 100 Liter Inhalt (Abb. 19). Als Substrat eignet sich unbehandelter feiner, feuchter Torf. Die Haltungstemperatur liegt zwischen 20 und 23 °C. Strahlungswärme ist im allgemeinen nicht zu empfehlen, da dadurch die Luft zu trocken wird; das Futter trocknet sonst zu schnell aus. Die relative Luftfeuchtigkeit darf 70 % nicht unterschreiten. Durch tägliches Aussprühen des Insektariums mit einem feinen Zerstäuber erzielt man eine einigermaßen gleichbleibende Luftfeuchtigkeit. Um fliegen zu können, benötigen die Käfer eine Starttemperatur von mindestens

30 °C. Als Futter werden am liebsten überreife Bananen genommen. Weiterhin kann man Mangos, Papayas, aber auch weiches süßes, einheimisches Obst verfüttern. Die Zuchttemperatur beträgt 22 bis 23 °C:

Zur Eiablage werden zwei Männchen und drei Weibchen in einem 100 Liter fassenden Aquarium gehalten. Das Bekken wird mindestens 30 cm hoch mit morschem Laubholz gefüllt. Das Holz hat dann die beste Konsistenz, wenn man es bereits mit bloßen Händen auseinanderbrechen kann. Beim Befüllen des Beckens entstehende Zwischenräume werden mit einem Gemisch aus Torf und Laubholzmulm aufgefüllt. Das Substrat wird leicht feucht gehalten. Auf alle Fälle ist Staunässe im Becken zu vermeiden.

Zur Eiablage graben sich die Weibchen in das Substrat ein. Bis zur Verpuppung muß während der Larvalentwicklung mehrfach das Substrat gewechselt und die Anzahl der Engerlinge ausgedünnt werden. Der Besatz an Engerlingen pro 100-Liter-Becken kann anfangs 100 Tiere betragen und im letzten Larvenstadium bis 50.

Ein Substratwechsel wird erforderlich, wenn die Substrathöhe sich ungefähr halbiert hat, bzw. keine freßbaren Holzanteile mehr enthält. Die Tiere sind zwar nicht kannibalisch, stören sich bei dichtem Besatz aber gegenseitig bei der Häutung und später besonders bei der Verpuppung. Genügend Platz und nicht zu feuchtes Substrat sind die Voraussetzung für eine erfolgreiche Verpuppung der Engerlinge. Sind die Umstände während der Vorbereitung zur Verpuppung ungünstig, so kommt es insbesondere bei den Männchen zu Mißbildungen an den Hörnern. Die Käfer bleiben mindestens noch zwei Wochen nach dem Schlüpfen in der Puppenhöhle, ehe sie sich ausgraben.

Die Käfer und die Engerlinge werden häufig von Milben befallen. Ein geringer Befall ist nicht nachteilig für die Zucht. Bei einem Massenauftreten der Milben aber ist das Substrat unbedingt zu erneuern. Die Käfer und Engerlinge kann man in handwarmem Wasser mit einer weichen Bürste abbürsten. Aus ihrer Höhle herausgenommene Puppen sterben meist ab oder die Häutung der Käfer mißlingt.

Nashornkäfer

Xylotrupes gideon (Dynastinae)

Verbreitung: Thailand, Sumatra, Java
Lebensraum: Baum- und Strauchvegetation
Größe: Weibchen 4 cm, Männchen bis 6 cm
Nahrung: saftige Früchte
Larven: vermoderndes Holz

Nashornkäfer *(Xylotrupes gideon)*, Männchen.

Entwicklungsdauer: im Ei 4 bis 6 Wochen, Larven 10 bis 15 Monate, Puppe 6 Wochen
Lebensdauer: bis 6 Monate

Die Käfer sind rötlichbraun bis schwarzbraun. Die Flügeldecken und Beine sind etwas heller. Das Kopfhorn des Männchens ist oben mit einem Höcker versehen; das Horn des Halsschildes ist in der Länge sehr veränderlich und mit zwei Endzacken versehen. Kopf und Halsschild sind beim Weibchen sehr grob punktiert.

Siehe auch *Dynastes hercules*.
Biologie: Ähnlich *Dynastes tityus*. Bei einer Störung geben die Käfer zischende Stridulationsgeräusche von sich. Sie werden mit dem Hinterleib und den Deckflügeln erzeugt.
Haltung und Zucht: Siehe *Dynastes tityus*.

Blumenkäfer
Eudicella gralli (Goliathinae)

Verbreitung: Westafrika
Lebensraum: Strauch-, Baumvegetation
Größe: Weibchen 4 cm, Männchen 4 cm
Nahrung: saftige Früchte, Blütenteile
Larven: vermoderndes Laubholz, auf dem Boden liegende Blätter
Entwicklungsdauer: im Ei 1 Monat, Larven 5 bis 6 Monate, Puppe 1 bis 2 Monate
Lebensdauer: mehr als 3 Monate

Die Käfer sind grün- und gelb-metallischschimmernd gefärbt. Die Flügeldeckenränder sind breit bräunlich gesäumt. Das Männchen trägt auf der Stirn ein gelblich-braunes gegabeltes Horn. Im Unterschied zu den Nashornkäfern bleiben die Flügeldecken während des Fluges geschlossen. Die Flügeldecken werden nur angehoben und an einer Einbuchtung hinter den Schultern herausgeschoben und entfaltet.
Biologie: Die Käfer umschwärmen in der prallen Tropensonne in großer Zahl blühende Sträucher auf Waldlichtungen. Sie besuchen dabei die Blüten zur Nahrungsaufnahme. Die Weibchen vergraben sich zur Eiablage im lockeren Boden, wo sie die Eier einzeln in Erdkämmerchen ablegen.

Die Engerlinge kommen nicht an die Oberfläche. Sie durchwühlen meist auf dem Rücken liegend den Boden auf der Suche nach modernden Holzteilchen oder sie nagen von unten her auf dem Boden liegende Blätter oder Früchte an. Sind die Larven verpuppungsreif (vollkommene Verwandlung), so gehen sie in tiefere Bodenschichten und fertigen aus verdichteten Bodenteilchen und einem Sekret einen fast eiförmigen harten Kokon an, in dem die freie Puppe geschützt die Puppenruhe überdauert.

Der frisch geschlüpfte Käfer verläßt den Kokon nicht sofort, sondern bleibt noch viele Tage in dieser Hülle. Erst

Blumenkäfer *(Eudicella gralli),* Männchen.

dann, wenn sein Chitinpanzer voll ausgehärtet ist und die Färbung ihr volles Muster bekommen hat, bricht der Käfer den Kokon auf und gräbt sich an die Oberfläche.

Haltung: Siehe *Dynastes hercules*.

Zucht: Die Zuchttemperatur beträgt konstant 25 °C. Ein Kunststoffbehälter mit Deckel (Abb. 5) wird mit einem Substrat aus einer Mischung von Torf und Rindenmulch über die Hälfte gefüllt. Diese Mischung ist luftdurchlässig und hält die Feuchtigkeit gut. Zur Kopulation und Eiablage werden zwei Männchen und drei Weibchen in einen Behälter gesetzt. Die Weibchen graben sich zur Eiablage in das Substrat ein. Während der Larvenentwicklung legt man biozidfreie Salatblätter und Obstscheiben flach auf das Substrat. Die Larven fressen die Nahrung von unten an und ziehen sie auch in das Substrat hinein.

Blumenkäfer *(Eudicella smithi),* Männchen.

Blumenkäfer
Eudicella smithi (Goliathinae)

Verbreitung: Südafrika
Lebensraum: Strauch- und Baumvegetation
Größe: Weibchen bis 3 cm, Männchen bis 4 cm
Nahrung: saftige Früchte, Blütenteile
Larven: vermoderndes Holz, auf dem Boden liegende Blätter
Entwicklungsdauer: im Ei 1 Monat, Larven 5 bis 6 Monate, Puppe 1 bis 2 Monate
Lebensdauer: mehr als 3 Monate

Der Kopf, der breite Halsschild und das Schildchen sind grün mit tiefem Glanz und an den Rändern purpurgolden schillernd. Die Flügeldecken sind hellocker mit einem Hauch von Grün, an den Außenecken haben sie schwarze Punkte. Die Männchen haben ein dunkelrotes

Goliathkäfer *(Goliathus goliathus)*, Männchen.

gegabeltes Kopfhorn und zwei seitliche kleine Hörner. Siehe auch *Eudicella gralli*.
Biologie: Siehe *Eudicella gralli*.
Haltung und Zucht: Haltung: Siehe *Dynastes hercules*. Zucht: Siehe *Eudicella gralli*.

Goliathkäfer
Goliathus goliathus (Goliathinae)

Verbreitung: Westafrika, Guinea, Kamerun, Uganda
Lebensraum: Strauch-, Baumvegetation
Größe: Weibchen bis 9,5 cm, Männchen bis 12 cm
Nahrung: saftige Früchte
Larven: vermoderndes Holz, Holzmulm
Entwicklungsdauer: im Ei unbekannt, Larven unbekannt, Puppe unbekannt
Lebensdauer: ca. 6 Monate

Dieser Goliathkäfer hat kastanienbraune samtige Deckflügel, einen schwarzbraunen Halsschild mit weißen Längsstreifen und einen weißen Kopf. Die Männchen haben vorn auf dem Kopf rammstangenähnliche Hörner.

Blumenkäfer *(Coelorrhina hornimani).*
Links: Männchen, rechts: Weibchen.

Biologie: Tagsüber halten sich die Käfer hoch in den Baumkronen des Regenwaldes auf. Mit ihren langen Vorderbeinen hangeln sie sich durchs Geäst. Auf dem Boden der Lichtungen erscheinen sie nur dann, wenn sie nach Saftaustritten an verletzten Bäumen oder überreifen, abgefallenen Früchten Nahrung suchen.

Dabei kommt es zu Rivalenkämpfen, bei denen die Männchen ihre Hörner benutzen. Die Larvalentwicklung soll in morschen Urwaldriesen vor sich gehen und mehrere Jahre dauern (STANEK 1985). Die Verwandlung ist vollkommen.

Die Weibchen graben sich zur Eiablage in den Boden ein und legen die Eier in kleinen Kämmerchen ab. Die Goliathkäfer fliegen mit sehr geräuschvollem Brummen. Ihre Deckflügel sind im Flug nur ein wenig angehoben, aber nicht geöffnet. Unter ihnen werden die Hautflügel hervorgestreckt, in die Breite gespannt und mit dem mittleren Beinpaar gestützt. (STANEK 1985).

Haltung und Zucht: Haltung: Siehe *Dynastes hercules*. Zucht: Nach eigenen Zuchtversuchen sind die Larven kanibalisch und müssen einzeln in Behälter wie bei den *Endicellagralli*-Zuchten gehalten werden.

Blumenkäfer
Coelorrhina hornimani (Goliathinae)

Verbreitung: Kamerun
Lebensraum: Strauch- und Baumvegetation
Größe: Weibchen bis 4 cm, Männchen bis 4 cm
Nahrung: saftige Früchte
Larven: vermoderndes Holz
Entwicklungsdauer: im Ei 1 Monat, Larven 5 bis 6 Monate, Puppe 1 bis 2 Monate
Lebensdauer: mehr als 3 Monate

Bei den Käfern ist die Kopfoberseite kupferbraun. Halsschild, Schildchen und die dunklen Flügeldeckenstreifen sind grün. Die helleren Längsflächen sind ockerbraun mit einem Grünschimmer. Die Körperunterseite ist sattgrün. Die Männchen haben auf dem Kopf eine breite vertiefte Fläche und ein sich nach vorn gabelndes Horn. Die Ränder dieser Fläche sind zu zwei flachen Hörnchen verlängert, hinten auf der Kopfmitte sitzen zwei weitere Hörnchen dicht beieinander (STANEK 1985). Siehe auch *Eudicella gralli*.

Biologie: Siehe *Eudicella gralli*.
Haltung und Zucht: Haltung: Siehe *Dynastes hercules*, Zucht: Siehe *Eudicella gralli*.

Kongo-Rosenkäfer *(Pachnoda marginata)*.

Kongo-Rosenkäfer
Pachnoda marginata (Cetoniinae)

Verbreitung: Senegal, Guinea, Kamerun, Kongogebiet, Angola
Lebensraum: Strauch- und Baumvegetation
Größe: Weibchen 20 bis 25 mm, Männchen 20 bis 25 mm
Nahrung: saftige Früchte, Blütenteile
Larven: frische saftige Blätter, Früchte
Entwicklungsdauer: im Ei 1 Monat, Larven ca. 3 Monate, Puppe ca. 4 Wochen
Lebensdauer: Weibchen: 7 Monate, Männchen: 5 Monate (LAU 1980)

Die Käfer haben oberseits eine leuchtend gelbe Färbung mit großen, mehr oder weniger dunkel-rotbraunen Flek-

Tropischer Rosenkäfer *(Genyodonta laeviplaga)*. Links: Männchen, rechts: Weibchen.

ken. Unterseits sind sie schwarz. Die Geschlechter sind leicht daran zu unterscheiden, daß das Männchen auf der Unterseite des Hinterleibes längs der Mitte eine Furche trägt, die dem Weibchen fehlt (Lau 1980). Siehe auch *Eudicella gralli*.

Biologie: Siehe *Eudicella gralli*.

Haltung und Zucht: Haltung: Siehe *Dynastes hercules*. Zucht: Siehe *Eudicella gralli*.

Tropischer Rosenkäfer

Genyodonta laeviplaga (Cetoniinae)

Verbreitung: Ostafrika

Lebensraum: Strauch- und Baumvegetation

Größe: Weibchen 20 mm, Männchen 20 mm

Nahrung: saftige Früchte, Blütenteile

Larven: auf dem Boden liegende Blätter, Früchte

Entwicklungsdauer: im Ei 1 Monat, Larven 5 bis 6 Monate, Puppe ca. 4 Wochen
Lebensdauer: ca. 3 Monate

Der Körperbau ist ziemlich flach. Die Käfer sind hellbraun mit zwei hakenförmigen gelben Binden von der Flügeldeckenmitte bis zum Hinterende reichend. In Flügeldeckenmitte sind die Binden schwarz gesäumt. Auf dem Halsschild befinden sich vorn zwei kleine und dahinter zwei große schwarze Punkte. Das Schildchen ist mit zwei schwarzen Punkten versehen. Der Kopfschild des Männchens bildet am Vorderrand einen stumpfen, erhobenen Lappen. Beim Weibchen ist der Kopfschild quer abgestutzt. Von der Stirn geht in der Mitte eine erhabene Längsleiste. Siehe auch *Eudicella gralli*.
Biologie: Siehe *Eudicella gralli*.
Haltung und Zucht: Haltung: Siehe *Dynastes hercules*. Zucht: Siehe *Eudicella gralli*.

Tropischer Schildkäfer *(Aspidomorpha tecta)*.

Tropischer Schildkäfer
Aspidomorpha tecta (Cassidae)

Verbreitung: Südafrika
Lebensraum: Krautvegetation
Größe: Weibchen 8 mm, Männchen 8 mm
Nahrung: Blätter der Süßkartoffel (*Ipomoea batatas*)
Larven: Blätter der Süßkartoffel (*Ipomoea batatas*)
Entwicklungsdauer: im Ei ca. 2 Wochen, Larven ca. 3 Wochen, Puppen ca. 1 Woche
Lebensdauer: 1 Monat

Die Flügeldecken und der Halsschild sind sehr flach und verbreitert. Der schildförmige Halsschild (Name!) bedeckt den Kopf völlig. Der Käfer ist fahl gelb gefärbt und schillert golden. Die schillernde Farbe kommt durch Lichtbeugung und Lichtbrechung in den Flügeldecken und dem Halsschild zustande. Nach dem Tod des Käfers verschwindet sie.

Die fünf Larvenstadien sind flach mit stacheligen Fortsätzen am Körper. Am letzten Hinterleibsring befinden sich zwei längere Fortsätze. Auf ihnen werden die Larvenhäute nacheinander aufgereiht und aus dem rüsselartig weit vorstülpbaren und beweglichen Enddarm mit Kot beschmiert. So entsteht eine sogenannte Kotmaske.

Die Puppe ist hellgrün bis weißlich gefärbt, mit schwarzen Borsten besetzt und zwischen Rücken und Bauch (dorsoventral) abgeplattet.

Biologie: Die Käfer und Larven leben auf und unter den Blättern der Futterpflanze. Die Käfer lassen sich bei der geringsten Störung auf den Boden fallen, wo sie in der Bodenauflage verschwinden. Nach einiger Zeit der Ruhe klettern oder fliegen sie wieder auf die Futterpflanze.

Die Eier werden von den Weibchen einzeln und wahllos verstreut auf den Blättern abgelegt und nach der Beendigung der Eiablage vom Weibchen mit einem Drüsensekret bedeckt. Die frisch geschlüpften Larven beginnen sofort ein Loch in ein Blatt zu graben und fressen das Gewebe, um so eine seichte Grube zu formen, in der sie sich niederlassen können. Sie durchbeißen dabei niemals das Blatt, sondern lassen die gegenüberliegende Außenhaut als Basis ihrer Wohnung bestehen. Wenn die Larve frißt, gibt sie ihre Exkremente in Form von

Tropischer Schildkäfer *(Aspidomorpha tecta)*, Larve mit Kotmaske.

dünnen schwarzen Fäden ab, die sie nicht fallen läßt, sondern in der Schwanzgabel verstrickt zurückbehält.

Vor der Häutung wird die Nahrungsaufnahme eingestellt. Die alte Haut wird aber nicht abgelegt, sondern über den Körper gestreift und, mit den Exkrementen vermischt, an der Gabel gehalten. Die letzte Larve trägt einen Schwanz aus vier übereinander liegenden Häuten und einer zähen schwarzen Masse aus Exkrementen (siehe Abb. oben). Wenn sie angegriffen wird, wackelt sie mit diesem Schwanz vor den Augen des Feindes. Der schwarzglänzende Klumpen aber ist sehr auffällig und lenkt die Aufmerksamkeit des Räubers von der Larve ab (nach Skaife, Ledger und Bannister 1981). Die

Kotmaske der Larven ist ein wirksamer Schutz gegen kleine Freßfeinde. So läßt sich eine Ameise durch Entgegenhalten der Maske erfolgreich abwehren.

Zur Verpuppung gräbt die letzte Larve die Klauen ihrer sechs kurzen Beine fest in das Blatt. Da sie nun keine Nahrung mehr aufnimmt, trocknet der Klumpen aus, fällt ab und läßt die zweizinkige Gabel nackt zurück. Dann reißt die Haut auf und legt die abgeplattete Puppe frei (SKAIFE, LEDGER und BANNISTER 1981).

Haltung und Zucht: Die Haltung und Zucht dieser Käfer ist einfach. Voraussetzung aber ist die Vorratshaltung von Süßkartoffelpflanzen, die man heute in den Gemüseabteilungen der großen Kaufhäuser in der Regel ohne Mühe bekommt. Die Süßkartoffel wird in einem entsprechenden Blumentopf so eingesetzt, daß maximal die Hälfte der Kartoffel aus dem Boden ragt. Die Blumentopferde wird leicht feucht gehalten. Bei einer Durchschnittstemperatur von 22 °C und einer Luftfeuchtigkeit nicht unter 70 % treibt sie sehr schnell aus. Sind die Triebe lang genug, so werden sie abgeschnitten und als Stecklinge ebenfalls in Blumentöpfe gesetzt. Hat man einen Vorrat von mindestens fünf Pflanzen mit einer Rankenlänge von maximal 30 cm, so kann man mit der Zucht beginnen.

Benötigt wird dazu ein Raupenkasten im Quer- oder Hochformat (Abb. 7, 10). Eine Pflanze wird mit einigen Käfern besetzt. Die klimatischen Bedingungen sind dieselben wie bei der Süßkartoffelzucht. Ist eine Pflanze fast abgefressen, so wird eine andere hinzugestellt. Die Käfer und Larven wandern dann auf die frische Pflanze hinüber. Man muß aber, wenn die Zucht läuft, die Populationsstärke den zur Verfügung stehenden Futterpflanzen anpassen, da die Vermehrungsrate sehr hoch ist. Diese und die nächste Käferart sind für Anfänger sehr gut geeignet.

Tropischer Schildkäfer
Conchyloctaenia punctata (Cassidae)

Verbreitung: Südafrika
Lebensraum: Krautvegetation
Größe: Weibchen 10 mm, Männchen 10 mm
Nahrung: Blätter der Süßkartoffel (*Ipomoea batatas*)
Larven: Blätter der Süßkartoffel (*Ipomoea batatas*)
Entwicklungsdauer: im Ei ca. 2 Wochen, Larven ca. 3 Wochen, Puppe ca. 1 Woche
Lebensdauer: 1 Monat.

Die Käfer sind braunglänzend mit kleinen schwarzen Punkten. Siehe auch *Aspidomorpha tecta*.
Biologie: Siehe *Aspidomorpha tecta*.
Haltung und Zucht: Siehe *Aspidomorpha tecta*.

Tropischer Schildkäfer
(Conchyloctaenia punctata).

Schwarzkäfer
Blaps mortisaga (Tenebrionidae)

Verbreitung: Warme Länder Europas
Lebensraum: Steppenboden, Sanddünen
Größe: Weibchen 3 cm, Männchen 2 cm
Nahrung: Allesfresser
Larven: Allesfresser
Entwicklungsdauer: im Ei je nach Umweltbedingungen verschieden, Larven je nach Umweltbedingungen verschieden, Puppe je nach Umweltbedingungen verschieden
Lebensdauer: mehr als 1 Jahr

Die Schwarzkäfer sind eine sehr artenreiche Familie. Die hier aufgeführten Arten sind alle schwarz. Die Gattung *Blaps* hat einen walzenförmigen Körperbau, die Gattung *Akis* einen im Querschnitt mehr dreieckigen Körper. Der Körper wird von langen Beinen getragen. Die *Akis*-Arten besitzen meistens einen an den Seiten breit aufgebogenen Halsschildrand und breite Rippen auf den Flügeldecken. Beide Gattungen sind flugunfähig, da die Hinterflügel nicht entwickelt sind. Die sehr harten Deckflügel sind miteinander »verlötet« und weit unter den Hinterleib angepreßt. Die Männchen einiger *Blaps*-Arten besitzen auf der Bauchseite unmittelbar hinter der Brust, genau in der Mitte, einen hellbraun gefärbten Drüsenausgang (abdominale Sternaldrüse). Die Fühler sind mittellang.

Die Larven sehen wie Drahtwürmer aus (s. Abb. 18).

Biologie: Die Käfer sind nachtaktiv. Tagsüber verbringen sie die Zeit in Verstekken oder eingegraben im Sand. Sie können durch ihren kompakten Körperbau Hitze und lange Trockenperioden überstehen. Die Flügeldecken schließen den Hinterleib wie eine Röhre ein, so daß kaum Wasser verdunsten kann. Zwischen den Deckflügeln und der Oberseite des Hinterleibes befindet sich ein Luftpolster, das gegen die hohe Außentemperatur isoliert.

Schwarzkäfer *(Blaps mortisaga)*.

Die Männchen der *Blaps*-Arten, die eine abdominale Sternaldrüse besitzen, beschmieren bei der Paarung das Weibchen mit deren Sekret, wodurch das Weibchen für weitere Männchen an Attraktivität verliert (JACOBS und RENNER 1988).

Einige *Blaps*-Arten erzeugen einen Versammlungsduft, der die Geschlechter in Vielzahl zusammenführt. Bei einer Störung wird Wehrsekret ausgestoßen, das die gesamte Käferversammlung zur Flucht veranlaßt. Die langen Beine benötigen die Käfer auf ihrer Suche nach Nahrung, wobei sie oft erhebliche Strekken durch Sandflächen marschieren mussen.

Die Eier werden von den Weibchen einzeln im lockeren Boden an Stellen mit genügend Bodenfeuchte abgelegt. Die Larven leben im Boden und fressen von unten her auf dem Boden liegende Nahrung. Durch diese Lebensweise und durch ihren harten und sehr glatten Körper sind sie weitgehend vor Freßfeinden geschützt. Die Verpuppung erfolgt im lockeren Boden in nicht sehr stabilen Puppenhöhlen.

Die Käfer verteidigen sich mit ihrem stinkenden und ätzenden Wehrsekret (Toluchinon, Äthylchinon, Benzochinon). Alle Arten haben mindestens eine Generationsfolge im Jahr.

Haltung und Zucht: Für die Zucht und Haltung eignen sich Kunststoffbehälter mit Deckel wie in der Abb. 5. Das Substrat besteht aus einer Mischung von Torf, Rindenmulch und etwas Sand. Diese Mischung hält die Feuchtigkeit gut und ist luftdurchlässig. Der Zuchtbehälter wird zu mehr als der Hälfte mit dem Substrat gefüllt. Obendrauf legt man als Unterschlupf für die Käfer Korkrinde oder andere rissige Borke. Die Substrat- und Lufttemperatur sollte im Mittel 22 °C betragen. Dies erreicht man durch einen Infrarotstrahler. Die günstigste Luftfeuchtigkeit liegt zwischen 40 und 50 %. Zusätzliches Licht ist nicht erforderlich, da die Tiere nachtaktiv sind.

Die Nahrung besteht aus Obst, Gemüse und tierischen Produkten. Letztere sind notwendige Eiweißlieferanten. Angefeuchtetes Trockenfutter für Hunde und Katzen erfüllt diesen Zweck. Tote Insekten, Regenwürmer oder auch Fleischstückchen können ebenso gefüttert werden. Eine eingegrabene tote Maus ist für die Larven ein Leckerbissen.

Die Käfer sondern bei der Berührung mit den Fingern einen übelriechenden Saft aus ihren Wehrdrüsen ab, der auf der Haut braune Flecken hinterläßt.

Totenkäfer
Blaps spec. (Tenebrionidae)

Verbreitung: Steppen, Wüstengebiete
Lebensraum: Bodenbewohner
Größe: Weibchen bis 4 cm, Männchen bis 3,5 cm
Nahrung: Allesfresser
Larven: Allesfresser
Entwicklungsdauer: im Ei je nach Umweltbedingungen verschieden, Larven je nach Umweltbedingungen verschieden, Puppe je nach Umweltbedingungen verschieden
Lebensdauer: mehrere Jahre, siehe *Blaps mortisaga*.

Biologie: Siehe *Blaps mortisaga*.
Haltung und Zucht: Siehe *Blaps mortisaga*.

Spitzkäfer
Akis spec. (Tenebionidae)

Verbreitung: Steppen und Wüstengebiete
Lebensraum: Bodenbewohner
Größe: Weibchen 2 cm, Männchen 2 cm
Nahrung: Allesfresser
Larven: Allesfresser
Entwicklungsdauer: im Ei je nach Umweltbedingungen verschieden, Larven je nach Umweltbedingungen verschieden, Puppe je nach Umweltbedingungen verschieden

Schwarzkäfer.
Oben: *Blaps* spec., unten: *Akis* spec.

Großer Mehlkäfer *(Zophobas morio).*

Lebensdauer: mehr als 1 Jahr, siehe *Blaps mortisaga.*

Biologie: Siehe *Blaps mortisaga.*
Haltung und Zucht: Siehe *Blaps mortisaga.*

Großer Mehlkäfer
Zophobas morio (Tenebrionidae)

Verbreitung: Tropisches Mittel- und Südamerika
Lebensraum: in der Bodenstreu
Größe: Weibchen bis 3,4 cm, Männchen bis 3,4 cm
Nahrung: Allesfresser
Larven: Allesfresser
Entwicklungsdauer: im Ei 12 Tage, Larven 14 Wochen, Puppe 3 Wochen
Lebensdauer: 5 Monate

Die Käfer sind mattschwarz. Die 2 cm langen Deckflügel laufen nach hinten spitz zu und weisen flache Längsfurchen auf. Männchen und Weibchen lassen sich an der Kopfgröße unterscheiden. Der Kopf der Männchen ist ungefähr 1 mm breiter als der der Weibchen.

Die frisch geschlüpften Larven sind weizengelb. Bei den letzten Larvenstadien sind die drei hinteren Segmente und der Kopf dunkelbraun gefärbt. Alle anderen Segmente tragen am hinteren Rand eine braune Querbinde und kleine braune Punkte. Die Puppe ist eine freie Puppe (Pupa libera), an der schon alle äußeren Organe des späteren Käfers sichtbar sind.

Biologie: Die länglichen schwarzen Käfer leben in der Bodenauflage. Als Allesfresser suchen sie Orte auf, wo faulende tierische und pflanzliche Reste sich auf dem Boden sammeln. Die Weibchen legen die Eier in Risse und Spalten des Bodens oder in Holzstücke.

Die jungen Larven fressen alles, was ihnen in die Quere kommt. Dabei wer-

Abbildung 21:
Insektarium für den Großen Mehlkäfer (Zophobas morio).

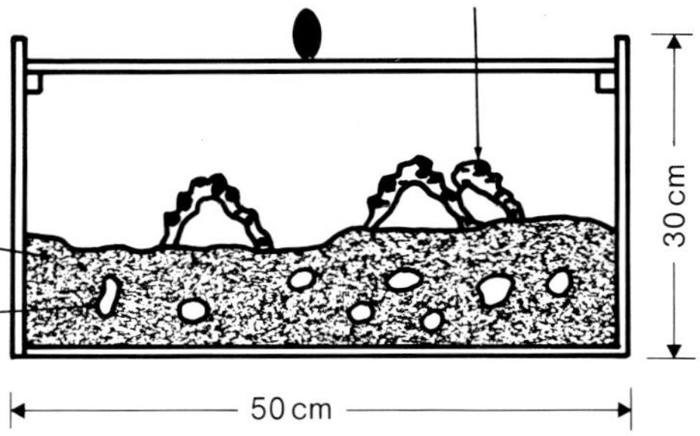

den auch lebende Tiere, vorwiegend andere Insektenlarven, mit verzehrt. Die großen, abwechselnd gelblich und braun gefärbten Larven des letzten Stadiums gehen auf Wanderschaft. Sie nehmen dann keine Nahrung mehr auf. In dieser Zeit suchen sie nach geeigneten Puppenwiegen, meist in morschem Holz. Dort beißen sie mit ihren scharfen Kiefern zunächst Gänge, um dann tief im Holz eine Puppenkammer auszuhöhlen. Die Puppe ist nackt und liegt auf borstigen Fortsätzen des Rückens. Beine und Fühler liegen frei auf dem Bauch zusammengelegt.

Die frisch geschlüpften Käfer kommen schon nach kurzer Zeit an die Oberfläche und sind meist noch nicht vollständig ausgehärtet. Die Käfer besitzen Wehrdrüsen und sondern bei Gefahr einen übelriechenden und ätzenden Saft ab.

Haltung und Zucht: Für die Zucht und Haltung von *Zophobas morio* eignen sich nur Acrylglas- oder Glasbecken, denn die Larven zernagen alle weicheren Materialien (Abb. 21). Die Abdeckung soll für eine gute Durchlüftung bis zur Hälfte mit Fliegengaze bespannt sein. Das Substrat besteht aus einer Mischung von Torf, Rindenmulch und etwas Sand. Diese Mischung hält die Feuchtigkeit gut und ist luftdurchlässig. Der Zuchtbehälter wird mehr als die Hälfte mit dem Substrat gefüllt. Obenauf legt man für die Eiablage Korkrinde oder andere rissige Borke.

Die Luft- und Substrattemperatur beträgt konstant 25 °C. Dies erreicht man durch eine Heizmatte oder mit einem Infrarotstrahler. Die günstigste Luftfeuchtigkeit liegt bei 70 %. Zusätzliches Licht ist nicht erforderlich, da die Tiere am Waldboden in dauernder Dämmerung und Dunkelheit leben.

Die Nahrung besteht aus Obst, Gemüse und tierischen Produkten. Letztere sind notwendige Eiweißlieferanten. Angefeuchtetes Trockenfutter für Hunde und Katzen erfüllt diesen Zweck. Tote Insekten, Regenwürmer oder auch Fleischstückchen können ebenso gefüttert werden. Eine eingegrabene tote Maus ist für die Larven ein Leckerbissen.

Das letzte Larvenstadium wandert auf dem Substratboden eine Zeitlang umher, um eine Verpuppungsmöglichkeit zu finden. Es ist daher zweckmäßig, die großen Larven abzusammeln und in ein anderes Behältnis zu setzen, das mit lockerem Substrat (vermoderndes Holz, Korkstükken, Styroporklötzchen, Eierkartons u. ä.) gefüllt ist. Wichtig ist auch in diesem Behälter eine gleichmäßig hohe Temperatur und Feuchtigkeit. Der Besatz der hier angegebenen Beckengröße kann 20 bis 50 Tiere betragen. Die Larven sind räuberisch. Daher kann man diese Käferart nur allein halten.

Die Käfer sondern bei der Berührung mit den Fingern einen übelriechenden Saft ab, der auf der Haut braune Flecken hinterläßt. Wer die *Zophobas*-Käfer als Futtertiere züchten will, findet dazu bei FRIEDERICH und VOLLAND (1981) weitere Hinweise.

Grabwespe *(Ampulex compressa),* Männchen.

Hautflügler (Hymenoptera)

Grabwespe
Ampulex compressa (Sphecidae)

Verbreitung: Indien, Burma, Sri Lanka, Afrika, Australien
Lebensraum: Tropische Regenwälder
Größe: Weibchen 20 mm, Männchen 18 mm
Nahrung: Honigwasser, Zuckerwasser, Hämolymphe

Abbildung 22:
Bauplan der Hautflügler (Hymenoptera), schematisch.

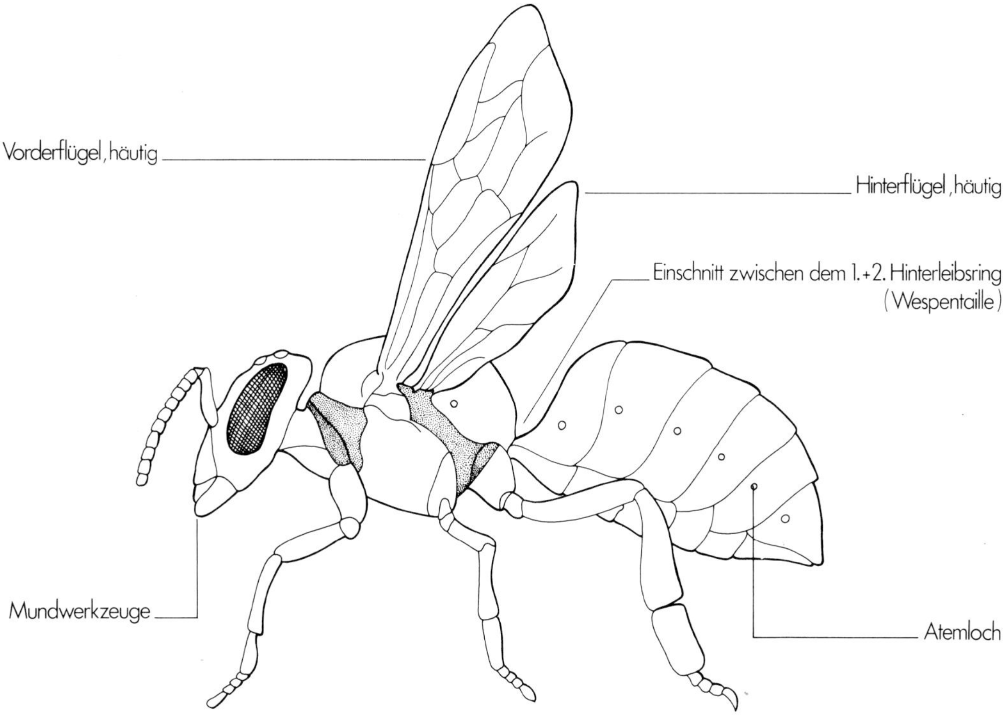

Larven: Parasit in der amerikanischen Schabe
Entwicklungsdauer: im Ei 5 Tage, Larven 14 Tage, Puppe 45 bis 50 Tage
Lebensdauer: Weibchen mehr als 3 Monate, Männchen 2 Monate

Die Grabwespen sind eine artenreiche Hautflüglerfamilie und über die ganze Welt verbreitet. In den Tropen sind sie vornehmlich metallisch-schillernd gefärbt. Die Arten leben als Einsiedler. Die Weibchen machen Jagd auf Insekten, die sie durch einen Giftstich betäuben, in Erdlöcher schleppen und mit Eiern belegen. Die erbeuteten Insekten dienen den Larven als Nahrung. Häufig sind die einzelnen Arten auf bestimmte Beuteinsekten spezialisiert (Rathmeyer 1969).

Die Grabwespe *Ampulex compressa* schillert metallisch-blaugrün. Die Weibchen haben einen stachelbewährten spitzen Hinterleib. Männchen etwas kleiner mit abgerundetem Hinterleib.

Die Weibchen haben sich auf die nahe verwandten tropischen Schabenarten *Periplaneta americana* (Amerikanische Schabe) und *Periplaneta australasiae* als Wirte für ihre Larven spezialisiert.

Diese Grabwespe wurde zur Bekämpfung der beiden Schabenarten *Periplaneta americana* und *Periplaneta australasiae* auf verschiedenen Südseeinseln eingebürgert (WILLIAMS 1942).

Biologie: Die Grabwespe *Ampulex compressa* ist tags bei hellem Licht aktiv. Innerhalb der ersten fünf Tage nach dem Schlüpfen der Weibchen werden diese durch die Männchen begattet. Die Männchen leben nur von Nektar und Wasser.

Die Weibchen begeben sich auf Beutesuche für ihre Nachkommen, wobei sie fliegend und laufend nach Schaben Ausschau halten und sie in ihren Verstecken aufstöbern. Sie stürzen sich auf das Beutetier, auch wenn es beträchtlich größer als sie selbst ist.

Die Schabe wird mit großen, zangenförmigen Mundwerkzeugen im Nacken ergriffen und blitzschnell mit einem Giftstich in die Brustmuskulatur gelähmt. Anschließend läßt das Weibchen die Schabe los und entfernt sich, um eine geeignete Brutröhre zu suchen. Ist diese gefunden, so kehrt sie zur Schabe zurück und schleppt sie in die Röhre.

Jetzt beißt sie der Schabe ungefähr 5 mm oberhalb der Fühlerwurzel die beiden Fühler ab und trinkt die austretende Blutflüssigkeit (Hämolymphe). Danach wird ein Ei zwischen die Schenkel an die Unterbrust angeheftet.

Nun beginnt die schwere Arbeit des Einmauerns. Mit kleinen Kieselsteinchen und Ästchen wird die Brutröhre geschlossen. Damit ist die Brutfürsorge des Weibchens beendet, und sie kümmert sich nicht weiter um ihre Nachkommen. Die gelähmte Schabe bleibt noch so lange am Leben, bis die Larve schlüpft und sich in die Schabe einbohrt, um Blut (Haemolymphe) zu saugen. Die Verpuppung erfolgt in der Schabe. Die frisch geschlüpfte Grabwespe befreit sich selbst aus der Schabenhülle und gräbt sich nach außen durch die Schutzmauer.

Haltung und Zucht: Das Insektarium sollte eine Höhe von 60 cm und eine Tiefe von mindestens 30 cm haben (Abb. 23). Die Substrathöhe muß 5 cm betragen, wobei unten eine 3 cm dicke feuchte Torfschicht liegt, die von einer 2 cm dicken feinen Kiesschicht bedeckt wird. In das Substrat werden Blumentöpfe mit ca. 30 cm hohen lichten Pflanzen eingelassen. Auf die Kiesschicht stellt man je eine kleine Petrischale mit Wasser und Honig- oder Zuckerwasser, in die Kieselsteinchen gelegt werden, damit die Grabwespen sich zum Trinken darauf niederlassen können.

Glasröhrchen mit einem Durchmesser von 18 mm und einer Länge von 7 cm werden als Höhlenersatz schräg in das

Grabwespe *(Ampulex compressa)*.
Links oben: Weibchen zieht Schabe in ein Glasröhrchen.
Links unten: Schabe mit Ei zwischen den Hüften.
Rechts oben: Weibchen beim Einmauern der Schabe.
Rechts unten: Schabe mit eingebohrter Larve.

Substrat gesteckt, so daß die Öffnung mit der Oberfläche abschließt.

Die Beleuchtung und Heizung erfolgen von oben durch eine Glasscheibe als Abdeckung des Insektariums. Die Beleuchtung muß sehr hell sein. Bei der Verwendung von Quecksilberdampflampen erspart man sich die Heizstrahler. Über eine Schaltuhr wird ein 12-Stunden-Tag erzeugt. Die Temperatur im Insektarium beträgt während der Hellphase 28 °C. Nachts darf die Temperatur nicht unter die normale Zimmertemperatur (20 °C) absinken.

Die Nahrung muß täglich erneuert werden. Beutetiere werden lebend einge-

Abbildung 23:
Insektarium für die Grabwespe *(Ampulex compressa)*.
1 Vorderansicht Tür mit Glasscheibe
2 Seitenwand mit Lüftung (feine Gaze)
3 Seitenwand mit Lüftung (feine Gaze) und Bedienungsklappe
4 Rückwand mit Lüftung (feine Gaze)

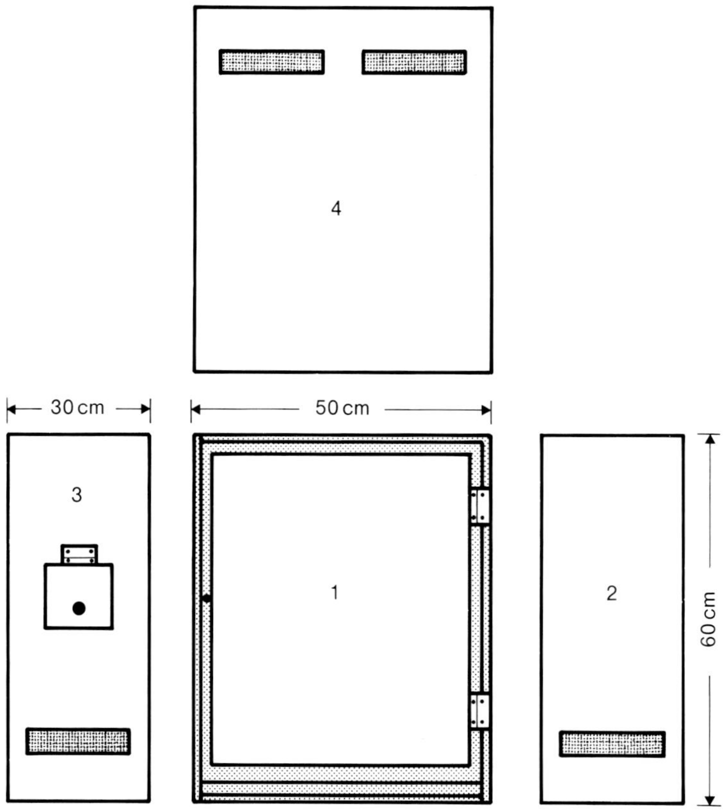

bracht, wenn begattete Weibchen vorhanden sind. Nach dem Verschließen der Glasröhrchen durch die Weibchen werden diese entnommen und in ein mit ekleinen Luftlöchern im unteren Drittel und im Deckel versehenes Acrylglasröhrchen überführt (Abb. 24). Danach kommt das Acrylglasröhrchen mit der belegten Schabe in einen dunklen warmen Brutbehälter (konstant 25 °C). Dort bleiben die gefüllten Röhrchen liegen, bis die Grabwespen schlüpfen.

In einem Insektarium der angegebenen Größe kann man bis zu fünfzehn Tiere beiderlei Geschlechts gleichzeitig halten.

Abbildung 24:
Brutröhrchen für eine von der Grabwespe parasitierte Schabe.

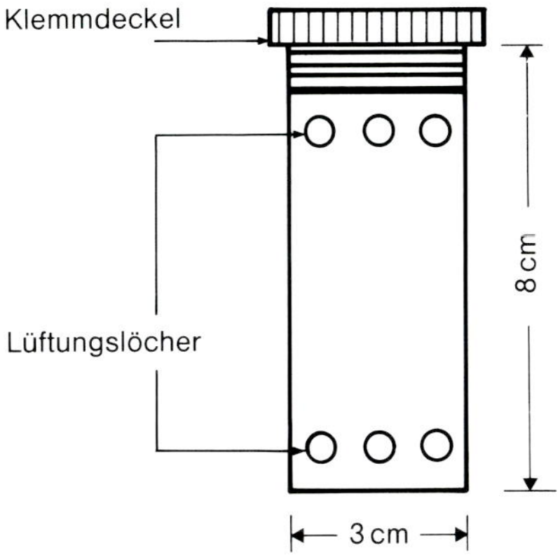

Schmetterlinge (Lepidoptera)

Passionsblumenfalter
Heliconius melpomene (Nymphalidae, Heliconiinae)

Verbreitung: Mexiko bis Brasilien
Lebensraum: Tropischer Regenwald
Größe: Flügelspannweite: Weibchen 7,5 cm, Männchen 6,5 cm
Nahrung: Pollen, Nektar
Larven: Passionsblumen: *Passiflora caerulea*, *P. oerstedii*, *P. menispermifolia*
Entwicklungsdauer: im Ei 8 Tage, Larven 14 Tage, Puppe 14 Tage
Lebensdauer: bis 8 Monate (Rothschild und Farrel 1985)

Passionsblumenfalter *(Heliconius melpomene)*.

Julia-Falter (Passionsblumenfalter)
Dryas julia (Nymphalidae, Heliconiinae)
Abb. Seite 121

Verbreitung: Süden der USA, Tropisches Mittel- und Südamerika
Lebensraum: Tropischer Regenwald
Größe: Flügelspannweite: Weibchen 45 mm, Männchen 41 mm
Nahrung: Nektar
Larven: Passionsblumen: *Plectostemma* spec., *Passiflora vitifolia*, *P. platyloba*
Entwicklungsdauer: im Ei 14 Tage , Larven 14 Tage, Puppe 14 Tage
Lebensdauer: langlebig, genaue Lebensdauer unbekannt

Abbildung 25:
Bauplan der Schmetterlinge (Lepidoptera), schematisch.

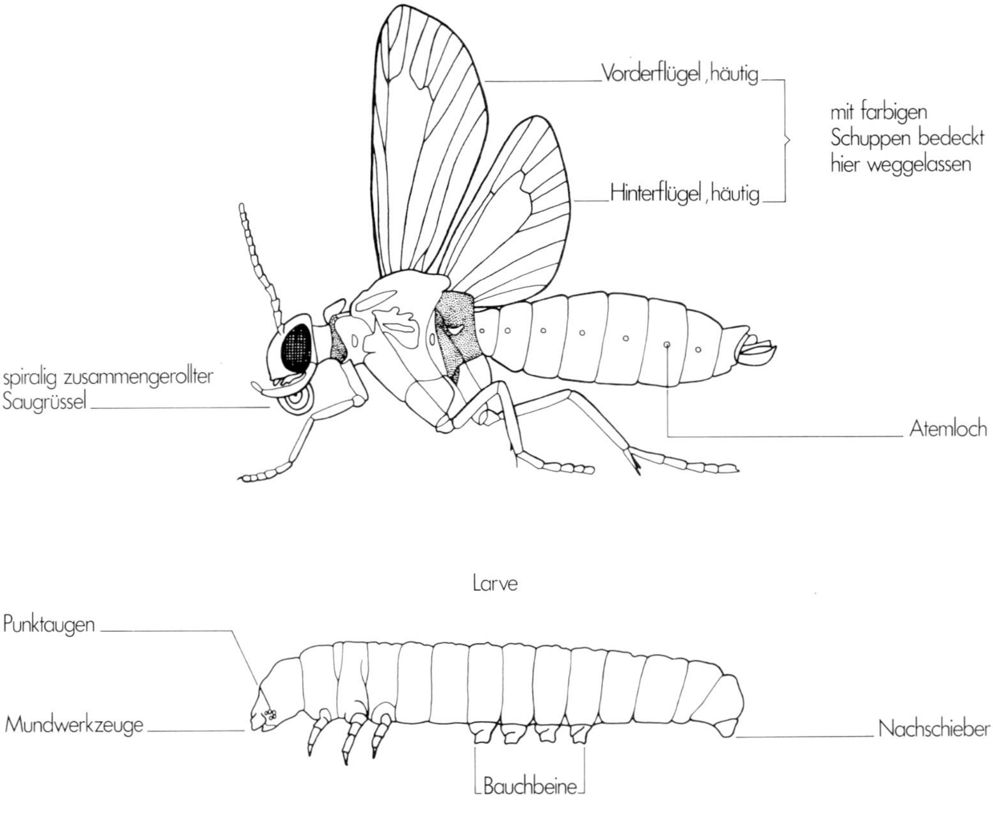

Schwalbenschwanz
Papilio polytes (Papilionidae)

Verbreitung: Süd- und Westchina, Burma, Nepal, Sri Lanka, Taiwan, Guam, Vietnam, Laos, Kambodscha, Malaysia, Brunei, Indonesien
Lebensraum: Tropische und subtropische Wälder
Größe: Weibchen 8,5 cm, Männchen 6 cm
Nahrung: Nektar
Larven: Zitronengewächse (*Citrus* spec.)
Entwicklungsdauer: im Ei 14 Tage, Larven 14 Tage, Puppe 14 Tage
Lebensdauer: mehr als 14 Tage

Oben: Julia-Falter *(Dryas julia)*.
Unten: Schwalbenschwanz *(Papilio polytes)*, Weibchen bei der Eiablage.

Caligofalter (Bananenfalter)

Caligo memnon (Nymphalidae Brassolinae)

Abb. Seite 122

Verbreitung: Mexiko, Mittelamerika, Amazonasbecken
Lebensraum: Tropischer Regenwald
Größe: Flügelspannweite: Weibchen 11 cm, Männchen 9 cm
Nahrung: Nektar, Saft gärender und verrottender saftiger Früchte
Larven: Bananengewächse und Verwandte (Musaceae, Heliconiaceae)

Caligofalter *(Caligo memnon)*.

Entwicklungsdauer: im Ei 14 Tage, Larven bis zu 30 Tagen, Puppe bis zu 21 Tagen
Lebensdauer: mehr als 3 Monate

Biologie: Die Passionsblumenfalter und der Schwalbenschwanz fliegen bei hellem Sonnenlicht.

Der Schwalbenschwanz umsegelt die Baumkronen bis in große Höhen, während der Passionsblumenfalter gemächlich in 2–3 cm Höhe zwischen den Pflanzen umhergaukelt. Zum Schlafen setzt sich der Schwalbenschwanz auf Blätter im dichten Blattwerk. Der Passionsblumenfalter hängt sich mit den Beinen nach oben an die Spitzen der äußersten Blätter von Zweigen.

Der Bananenfalter ist ein Dämmerungstier und fliegt morgens zwischen 7 und 10 Uhr zur Nahrungssuche in geringer Höhe zwischen der Vegetation umher (Young und Muyshondt 1985). Die zweite Flugzeit beginnt ungefähr ab 16 Uhr und dauert bis zum Eintritt der Dunkelheit an. Die Nacht verbringt der Falter mit zusammengeklappten Flügeln an Stämmen und Ästen der Bäume. Zur Paarung kommt es immer erst nach einer längeren Verfolgungsjagd der Weibchen durch die Männchen.

Die Weibchen vom Passionsblumenfalter produzieren nach der Kopulation in einer Stinkdrüse einen Duft, der weitere Männchen von der Begattung dieses Weibchens abhält (Antiaphrodisiacum). Außerdem sammeln sie Blütenpollen, der ihnen auf Grund des hohen Eiweißgehaltes eine hohe Eiproduktion und eine lange Lebensdauer ermöglichen soll (De Vries 1987).

Hingegen müssen die Weibchen vom Bananenfalter zwischen den Eiablagen immer wieder begattet werden, da der Samen einer Begattung nicht für alle produzierten Eier ausreicht. So kommt es vor, daß häufig unbefruchtete Eier abgelegt werden. Die Eier werden in der Regel zu dritt in einer Reihe abgelegt (Young und Muyshondt 1985). Die Raupen sind bis zum dritten Stadium grün. Während dieser Phase halten sie sich auf der Ober- oder Unterseite der Blätter auf. In der Ruhephase sitzen sie längs der Mittelrippe oder der Blattadern zu mehreren hintereinander immer mit dem Kopf am Hinterende der davor sitzenden Larve, so daß der Eindruck einer Blattader entsteht. Danach färben sie sich nach Braun um und verbringen von da an die Ruhephasen am Stamm der Futterpflanze. Zur Verpuppung verläßt das letzte Larvenstadium die Futterpflanze und sucht für die Puppenruhe einen geschützten dunklen Platz auf.

Die ersten Larvenstadien des Schwalbenschwanzes sind bräunlich-weiß gescheckt und täuschen Vogelkot vor. Außerdem stülpen sie bei Erschütterung eine rotgefärbte Nackengabel aus, die ein

Links: Puppe vom Caligofalter *(Caligo memnon).*
Rechts: Farbwechsel bei Raupen vom Schwalbenschwanz *(Papilio polytes).*
Unten: Raupe des Passionsblumenfalters *(Heliconius melpomene).*

Puppe des Passionsblumenfalters *(Heliconius melpomene).*

Wehrsekret absondert, das die Raupe für einen Freßfeind ungenießbar macht. Die älteren Larven sind intensiv dunkelgrün gefärbt mit einer blasig aufgetriebenen Brustregion, die den Kopf verbirgt und mit zwei großen farbigen Augenzeichnungen, die Freßfeinde erschrecken.

Die Larven von *Heliconius melpomene* sind weiß und mit Dornenhaaren besetzt, die Vögel abwehren sollen. Die Larven von *Dryas julia* sind ebenso behaart, aber gräulich-braun gefärbt. Die Passionsblumenfalter und der Bananenfalter haben Stürzpuppen, d. h. die Puppe ist mit dem Hinterende durch Gespinstfäden am Ast befestigt und hängt kopfunter. Die Puppe des Schwalbenschwanzes ist eine Gürtelpuppe. Das spitze Hinterende ist am Ast festgewebt, und die Puppe hängt aufrecht an zwei Fäden in Brusthöhe, ähnlich einem Bergsteiger am Seil im Fels.

Haltung und Zucht: Alle vier Arten benötigen in ihrer Umgebung Temperaturen über 25 °C und eine Luftfeuchtigkeit von über 80 %. Als Schmetterlinge benötigen sie ausreichend Platz zum Fliegen. Man kann sie daher nur in Kleingewächshäusern oder in Zimmervolieren halten und züchten. Eine Zimmervoliere muß mindestens eine Grundfläche von 120 × 120 cm haben, bei einer Höhe von 2 m. Die Bespannung besteht aus feinster Nylongaze. Für die Bedienung braucht man zwei Türen in den Abmessungen von 50 cm Breite und 80 cm Höhe. Die Türen sollten sich an den gegenüberliegenden Seiten, eine in der unteren und eine in der oberen Hälfte, befinden.

Die Futter- und Eiablagepflanzen stellt man in der Voliere so auf, daß noch genügend Platz zum Fliegen bleibt. Wichtig ist eine freie Fläche am Boden, damit die Schmetterlinge von dort wieder nach oben fliegen können. In einer

Passionsblumenfalter am Futtertisch.

Voliere der angegebenen Größe kann man nur eine Art halten und züchten. Der Besatz darf 15 Schmetterlinge beiderlei Geschlechtes nicht überschreiten, bei *Caligo memnon* dürfen es höchstens drei Pärchen sein.

Die hohe Luftfeuchtigkeit erhält man durch täglich mehrmaliges (mindestens viermal) Besprühen der Pflanzen und Innenwände der Voliere, oder man benutzt einen kleinen automatischen Wasserzerstäuber.

Für die Eiablage benötigt man immer giftfreie Pflanzen mit frischen Trieben, denn dort werden die Eier bevorzugt abgelegt.

Die Nahrung für die Schmetterlinge wird mit Hilfe von Futtertischchen angeboten. Als Flüssignahrung empfiehlt sich folgende Mischung:

500 ml Wasser
1 Teelöffel Pollen (aus dem Reformhaus)
2 Teelöffel Bienenhonig
2 Meßlöffel Bio-Nektar (Alleinfutter für Kolibris und Nektarvögel, Vertrieb: BIOTROPIC-Verlag GmbH, D-7570 Baden-Baden 11)

Diese Mischung wird bei leichter Erwärmung solange umgerührt, bis sich alle lösbaren Bestandteile aufgelöst haben (ca. 5 Minuten). Dann wird die Flüssigkeit in die Glasröhrchen abgefüllt und diese in den Futtertisch gesteckt. Diese Futterlösung wird von allen vier Schmetterlingsarten sehr gern getrunken. Für den Bananenfalter legt man noch zusätzlich eine überreife halbierte Banane auf das Futtertischchen.

Während beim Passionsblumenfalter die gesamte Entwicklung (Metamorphose) auf der Eiablagepflanze ablaufen muß, können bei den zwei anderen Arten die Raupen auf andere Futterpflanzen umgesetzt werden. Dies schont vor allem die teuren Citruspflanzen für den Schwalbenschwanz, der die Eier nur an Citrusarten ablegt.

Bananenfalterraupen kann man auch an einzelnen in Vasen stehenden Bananenblättern ziehen. Die Bananenfalterraupen verpuppen sich selten an der Futterpflanze. Sie wandern zur Verpuppung an dunkle Orte wie Astgabeln oder Vorsprünge in der Voliere.

Abbildung 26:
Bauplan der Hundertfüßer (Chilopoda), schematisch.

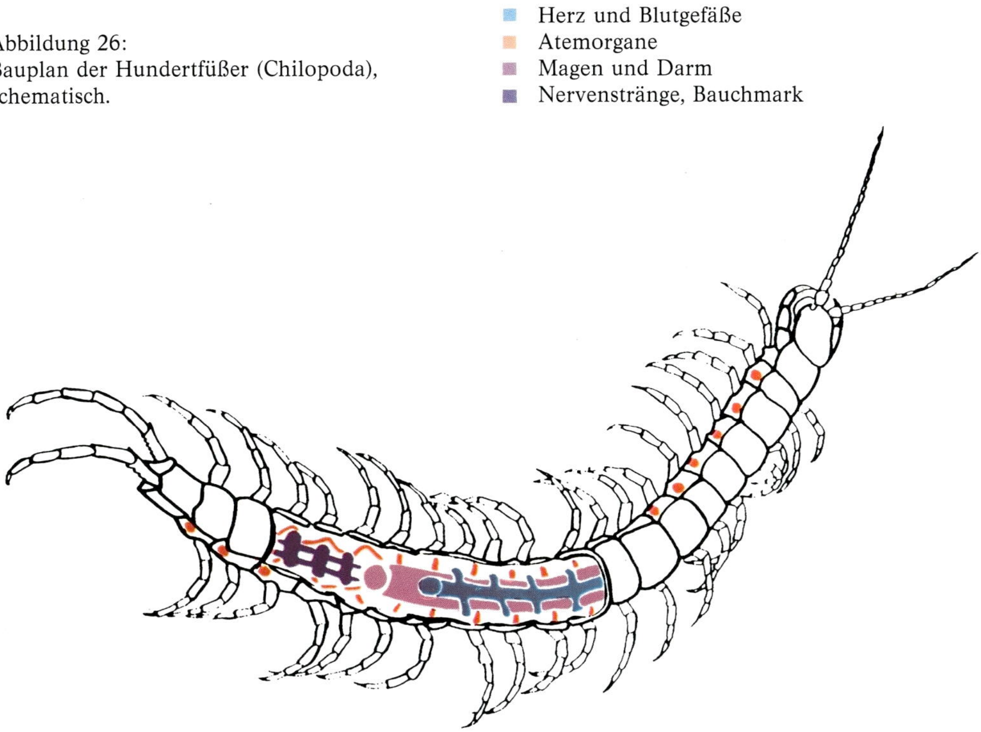

Tausendfüßer (Myriapoda)

Die landbewohnenden Tausenfüßer haben einen langgestreckten Rumpf aus vielen gleichartigen, meist beintragenden Segmenten. Sie atmen wie die Insekten durch Röhrentracheen und besitzen wie diese stets nur ein Paar Fühler. Bei der Gruppe der Hundertfüßer (Chilopoda, Abb. 26) trägt jedes Segment nur ein Beinpaar, während bei den Doppelfüßern (Diplopoda, Abb. 29) außer den ersten vier Segmenten an jedem Körperglied zwei Beinpaare ansetzen (ZISSLER 1980). Die Tausendfüßer besitzen Punktaugen (Ocellen), die bei den Doppelfüßern in Häufchen jederseits des Kopfes liegen. Manche Hundertfüßer sind blind. Wehrdrüsen sind bei Tausendfüßern über die Körperseiten verteilt.

Hundertfüßer (Chilopoda)

Mittelmeerskolopender (Gürtelskolopender)
Scolopendra cingulata

Verbreitung: Mittelmeerländer
Lebensraum: Bodenbewohner
Größe: Weibchen 12 cm, Männchen 12 cm

Mittelmeerskolopender *(Scolopendra cingulata)*.

Nahrung: Bodeninsekten
Larven: Bodeninsektenlarven
Entwicklungsdauer: im Ei ca. 5 Wochen, Larven mehr als 3 Jahre
Lebensdauer: mehrere Jahre

Die Mittelmeerskolopender ist meist dunkelbraun, selten dunkelgrün gefärbt. Er hat beidseits unter dem Fühleransatz vier Punktaugen (Ocellen). An den Rumpfsegmenten sitzt mit Ausnahme der beiden letzten je ein Beinpaar. Die Anzahl der Beinpaare beträgt 21. Das vordere Beinpaar ist zu kräftigen Kieferfüßen (Giftklauen) umgestaltet. Das letzte Beinpaar ist griffelförmig und nach hinten gerichtet. Die Fühler sind peitschenförmig. Männchen und Weibchen sind äußerlich nicht unterscheidbar.

Biologie: Die beiden Geschlechter des Gürtelskolopenders sind Einzelgänger. Sie leben im Dunkeln. Tagsüber halten sie sich in Bodenhöhlen, unter Steinen, Borke und Fallaub auf. Nachts gehen sie auf Nahrungssuche, wobei sie die Beute mit den Fühlern ertasten. Nahrungstiere, die nicht mit den Fühlern berührt werden, werden nicht als Beute erkannt. Die Beutetiere werden mit den bestachelten Endbeinen attackiert und blitzschnell mit einem Giftbiß gelähmt; sie kommen wochenlang ohne Nahrung aus.

Skolopender besitzen nur einen geringen Verdunstungsschutz. Aus diesem Grunde suche sie immer Orte mit hoher Luftfeuchtigkeit auf. Größeren Wasserverlust gleichen sie mit Wassertrinken aus.

Abbildung 27:
Becken zur Einzelhaltung von Skolopendern (Chilopoda).

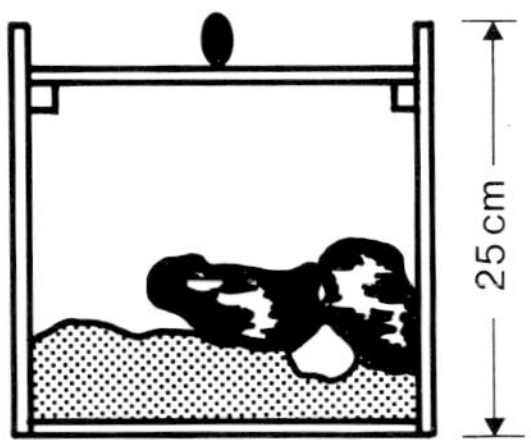

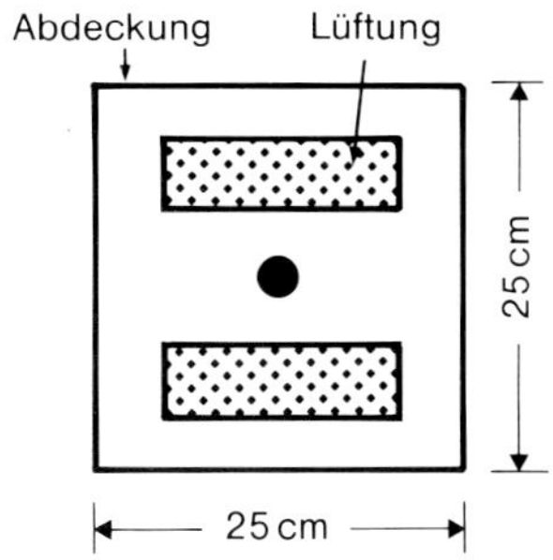

Zur Fortpflanzungszeit treffen sich die Geschlechtspartner zufällig. Männchen und Weibchen betrillern sich mit den Fühlern gegenseitig am Hinterende, wobei die Körper ein Oval bilden. Nach längerer Zeit setzt das Männchen auf einem Gespinst eine Spermatophore (Samenkapsel) ab und lockt das Weibchen so über das Gespinst, daß es die Spermatophore mit der Geschlechtsöffnung am Hinterleib aufnehmen kann.

Zur Eiablage gräbt sich das Weibchen bis zu 8 cm in den Boden ein und baut eine Höhle, in der es die 15 bis 30 Eier bewacht. Während der Brutpflege rollt sich das Weibchen zusammen und hält die Eier mit den mittleren Beinpaaren wie in einem Korb unter dem Bauch verborgen. Nach dem Schlüpfen werden die weißen Larven noch bis zur dritten Häutung von der Mutter bewacht. Das kann sich über einen Zeitraum von mehreren Monaten erstrecken. Bis zum Verlassen der Nachkommenschaft nimmt das Weibchen keine Nahrung zu sich.

Die Larven häuten sich bis zur Geschlechtsreife mehrmals im Jahr. Die Geschlechtsreife wird frühestens nach dem dritten Lebensjahr erreicht. Die Erwachsenen häuten sich dann nur noch einmal pro Jahr.

Zur Abwehr von Freßfeinden werden die Giftklauen eingesetzt, aber auch mit den stark bestachelten Endbeinen werden diese in die Flucht geschlagen.

Haltung und Zucht: Für die Haltung genügt ein kleines Glas- oder Plastikaquarium, das gut abgeschlossen ist (Abb. 27). In diesem Behälter kann man nur ein Tier halten. Futter wird angeboten, wenn die Tiere suchend im Becken umherlaufen.

Futtertiere, die nicht innerhalb einer Nacht erbeutet wurden, nimmt man wieder heraus, denn dann sind die Skolopender satt. Überzählige Futtertiere verschmutzen das Becken und fressen auch einen sich häutenden Skolopender an.

Zur Zucht benötigt man ein geräumiges Becken, das viele Versteckmöglich-

Abbildung 28:
Haltungs- und Zuchtbecken für Skolopender (Chilopoda) oder Feldskorpione (Buthidae).

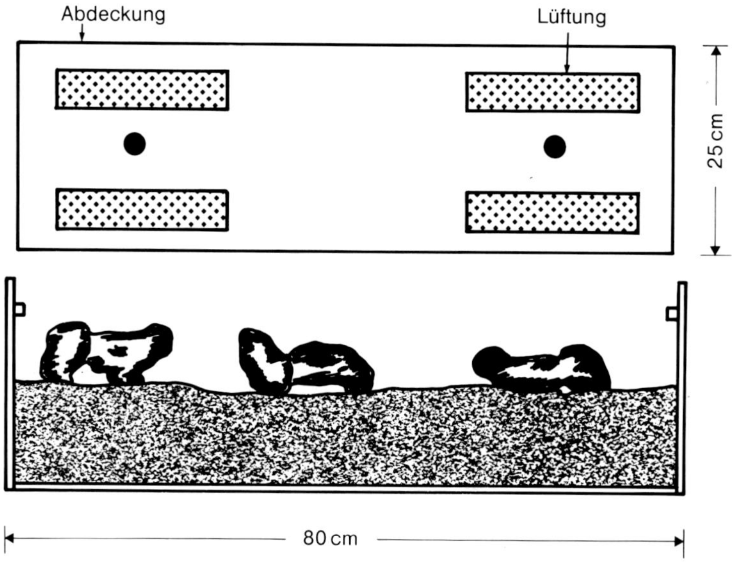

keiten bietet (Abb. 28). In ein Becken dieser Größe setzt man nicht mehr als vier Tiere, wobei es dem Zufall überlassen bleibt, ob sich darunter ein Pärchen befindet. Häufig entdeckt man aber gerade bei Wildfängen, daß ein begattetes Weibchen dabei ist und sich zur Brutpflege eingegraben hat. Während der Brutpflege sollten die Tiere möglichst wenig gestört werden (verlassene Eier verschimmeln binnen weniger Tage).

Die Schwierigkeit der Aufzucht besteht vielfach darin, die Jungen zum richtigen Zeitpunkt von der Mutter zu trennen – noch bevor der Brutpflegeinstinkt erlischt und sie womöglich als Beutetiere angesehen werden (KLEINSTEUBER 1989). Liegt der Zeitpunkt aber zu früh, so gehen die Jungen ohne Mutter zugrunde. Die selbständigen Jungtiere muß man getrennt aufziehen, um Kannibalismus zu vermeiden.

Die optimale Haltungstemperatur liegt zwischen 20 und 25 °C. Diese Temperatur muß auch das Substrat haben. Das Substrat kann ein Torf-Sand-Gemisch sein. Es soll auf alle Fälle nicht schnell austrocknen und Wasser gut aufsaugen. Die Luftfeuchtigkeit darf vor allem nachts nicht unter 80 % absinken. Für alle Fälle kommt eine mit Wasser gefüllte Trinkschale in das Becken.

Beim Hantieren mit dieser Skolopenderart sind feste Handschuhe angebracht. Der Giftbiß wird vom Menschen wie ein Wespenstich empfunden. Die Schmerzen halten in der Umgebung der Bißwunde zwei bis drei Stunden an und klingen erst nach zwei bis drei Tagen völlig ab.

Riesenskolopender
Scolopendra spec.

Verbreitung: Tropisches Afrika, Tropisches Asien, Tropisches Australien, Tropisches Mittel- und Südamerika
Lebensraum: Bodenbewohner
Größe: Weibchen bis 25 cm, Männchen bis 25 cm
Nahrung: Bodeninsekten, kleine Reptilien, junge Kleinsäuger, junge Vögel
Larven: Bodeninsektenlarven, Bodeninsekten
Entwicklungsdauer: im Ei unbekannt, Larven bis zu 4 Jahren
Lebensdauer: mehr als 10 Jahre

Über 40 Arten sind bekannt, jedoch ist ihre Biologie weitgehend unerforscht. Die Färbung ist sehr variabel: dunkelbraun, rot, grün, gelb, schwarz oder kombiniert. Der Körperbau ist wie beim Gürtelskolopender. Die Fühler besitzen zwischen 17 und 31 Glieder. Männchen und Weibchen sind äußerlich nicht unterscheidbar.

Giftklauen eines Riesenskolopenders.

Biologie: Wie beim Gürtelskolopender.
Haltung und Zucht: Wie beim Gürtelskolopender, die Temperatur darf aber nicht unter 25 °C absinken.

Die Handhabung der großen Skolopenderarten muß sehr sorgfältig durchgeführt werden. Die Giftklauen verursachen tiefe Wunden, in denen das Gift sofort wirksam wird. Ein Biß in den Finger läßt die Hand oder sogar den halben Arm schmerzhaft anschwellen. Gegen einen Skolopenderbiß existiert noch kein Serum (Bücherl und Buckley 1971). Am besten hantiert man mit Lederhandschuhen.

Abbildung 29:
Bauplan der Doppelfüßer (Diplopoda), schematisch.

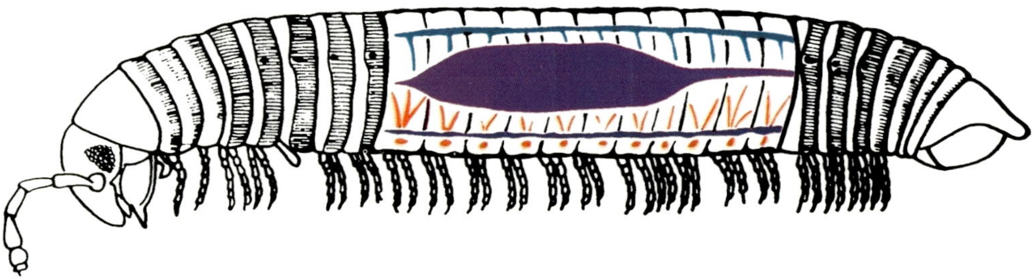

Doppelfüßer (Diplopoda)

Die Doppel- oder Schnurfüßer sind die »Tausendfüßer im engeren Sinn«. Die Zahl der Beinpaare kann bis zu 240 betragen. Die hohe Festigkeit des drehrunden Körpers wird durch einen Kalkpanzer erreicht. In die Chitinhaut (Außenskelett) wird Kalk eingelagert. Der Kopf trägt kurze geringelte Fühler und Einzelaugen (Ocellen), die beidseits des Kopfes in der Nähe der Fühler angehäuft sind. Die äußeren Geschlechtsmerkmale befinden sich am Vorderkörper im Bereich der ersten sieben Körperringe. Die Geschlechtsöffnungen liegen im Bereich der Hüften des zweiten Beinpaares. Die Männchen haben zusätzlich am siebenten Körperring zu Begattungsfüßen (Gonopoden) umgestaltete Beinpaare.

Roter Madagassischer Schnurfüßer
Rhapidostreptus virgator

Verbreitung: Madagaskar
Lebensraum: Bodenbewohner
Größe: Weibchen 12 cm, Männchen 12 cm
Nahrung: Pflanzenreste
Larven: Pflanzenreste
Entwicklungsdauer: im Ei ca. 6 Wochen, Larven mehr als 2 Jahre
Lebensdauer: mehrere Jahre

Der Riesenschnurfüßer *Rhapidostreptus virgator* ist rotbraun gefärbt. Die einzelnen Körperringe sind durch leicht gelbliche Ringel abgesetzt. Ab dem fünften Segment liegen auf jeder Körperseite, ungefähr in der Mitte als Punkte erkennbar, die Ausgänge der Wehrdrüsen. Das Hinterende des Körpers wird von einem Endstück gebildet, das drei klappenartige Anhänge trägt, eine untere unpaare und zwei seitliche paarige Klappen, die sich bei der Abgabe von Kot wie Flügeltüren öffnen (KRAUS 1971).
Biologie: Dieser Schnurfüßer bewohnt die Mulm- und Moderschichten des tropischen Waldes. Es sind Feuchtluft-Lebensräume. Durch die Härte seines Außenskelettes und die sehr wirksamen

Roter Madagassischer Schnurfüßer
(Rhapidostreptus virgator).

Wehrdrüsen wird er von Freßfeinden nicht verfolgt. Er ist auch tagsüber aktiv auf Nahrungs- oder Partnersuche. Vor der Paarung entnimmt das Männchen mit den Begattungsfüßen den Samen aus der im zweiten Körperring liegenden Geschlechtsöffnung und bewahrt ihn in einer Samentasche auf. Bei der eigentlichen Begattung umfaßt das Männchen das Weibchen mit fast allen Beinpaaren so, daß beide Tiere bäuchlings eng aneinander liegen und die Begattungsfüße am siebten Rumpfring der Männchen in die Geschlechtsöffnung der Weibchen eingeführt werden können (SEIFERT 1961). Die Paarung kann mehrere Stunden dauern.

Zur Eiablage graben sich die Weibchen in den Boden ein. Die Eier werden einzeln in Erdkapseln abgelegt. Die Erdkapseln sind fast rund und ca. 5 mm hoch, ihre Wand ist ca. 1 mm dick. Das Ei selbst ist gelblich-weiß und glänzend. Die Eiablage dauert mehrere Tage.

Aus den Eiern schlüpfen Larven mit nur wenigen Körperringen und nur drei Beinpaaren. Die Larven sind zunächst nur wenige Millimeter groß. Von Häutung zu Häutung wird die Anzahl der

Frischgehäuteter Schnurfüßer. Oben: alte Haut.

Körperringe erhöht, bis die endgültige Anzahl erreicht ist.

Die Häutung erfolgt in Häutungshöhlen im Boden. Dort verbringen die Schnurfüßer viele Wochen ohne Nahrung und Bewegung. Die Häutung kündigt sich durch eine Starreperiode der Tiere an. Ein graues Schillern am ganzen Rumpf zeigt allmählich das Abheben der alten Haut an (SEIFERT 1961). Die Haut platzt längs des Körpers bauchseits auf und das Tier schlüpft aus der Exuvie heraus. Nur langsam erreicht die neue Haut durch Kalkeinlagerung ihre Festigkeit. Bis es soweit ist, verharrt der Schnurfüßer in einer Nachstarre.

Haltung und Zucht: Die Haltung und Zucht erfolgt am besten in Acrylglasaquarien (Abb. 5). Das Substrat wird bis 5 cm unter den Beckenrand aufgefüllt. Am besten eignet sich mulm- und kalkhaltige Erde; im Gartenhandel wird solche Erde als Riviera-Erde verkauft. Sie darf aber nicht mit Kunstdünger gedüngt sein. Der Kalkgehalt ist sehr wichtig, da die Schnurfüßer diese Erde auch aufnehmen, um ihren Hautpanzer zu festigen. Kalkmangel kündigt sich durch einen weichen Panzer an, ja bei völligem Fehlen von Kalk zerfällt das Tier bei lebendigem Leibe durch mechanische Einflüsse in mehrere Stücke.

Als Nahrung kommt jeglicher pflanzlicher Abfall in Frage. Halbierte rohe Kartoffeln, die mit der Schnittfläche auf das Substrat gelegt werden, verzehren die Tiere besonders gern, denn die Kartoffel liefert für den Kalkpanzer die nötigen Grundstoffe.

Feuchter Boden, eine hohe Luftfeuchtigkeit und gleichmäßige Wärme sind die Voraussetzung für eine oberirdische Aktivität. Die Temperatur muß gleichmäßig 25 °C sowohl in der Luft als auch im Boden betragen. Die Luftfeuchtigkeit darf 75 % nicht unterschreiten. Dies erreicht man, indem man das Futter und ein feuchtes flaches Stück Korkrinde mehrmals täglich besprüht. Die Temperatur erzeugt man mit einem Rotlichtstrahler; die Schnurfüßer benötigen kein helles Licht. Wenn die Luftfeuchtigkeit hoch genug ist, sind sie auf der Oberfläche Tag und Nacht zu beobachten. Graben sie sich ein, so darf man sie nicht stören, denn dann beginnt die Häutungsphase oder die Eiablage der Weibchen.

Obwohl die Schnurfüßer harmlose Tiere sind, empfehlen sich beim Hantieren mit ihnen Handschuhe. Durch ihre Wehrdrüsen geben sie dann viel Sekret ab, das stark haut- und schleimhautreizend ist. Es enthält vor allem farbig ätzende Stoffe (Chinone), die langanhaltende Flecke auf der Haut hinterlassen. Das Einatmen dieser flüchtigen Stoffe ist zu vermeiden, da sie auch Blausäure oder Chlorverbindungen enthalten können. Manche Menschen reagieren darauf mit einer Überempfindlichkeit (Allergie).

Über Krankheiten ist wenig bekannt. Die Tiere sondern in geringem Maße ständig Wehrdrüsensekret ab und halten sich so Milben und Pilze vom Leibe.

Florida-Schnurfüßer

Chicobolus spec.
Abb. Seite 136

Verbreitung: Im Süden der USA
Lebensraum: Bodenbewohner
Größe: Weibchen 8 cm, Männchen 8 cm
Nahrung: Pflanzenreste
Larven: Pflanzenreste
Entwicklungsdauer: im Ei ca. 4 Wochen, Larven mehr als 1 Jahr
Lebensdauer: mehr als 1 Jahr

Florida-Schnurfüßer (*Chicobolus* spec.).

Dieser Schnurfüßer ist noch nicht wissenschaftlich beschrieben, das heißt der Artname ist noch unbekannt. Er scheint aber in Florida nicht selten zu sein, da er über den Tierhandel eingeführt wurde.
Biologie: Wie beim Roten Madagassischen Riesenschnurfüßer.
Haltung und Zucht: Der Florida-Schnurfüßer nagt gerne an feuchtem Holz. Als Dekoration kann man daher kleine Wurzelstöcke oder Stubben von Laubholz verwenden. Sonst ist er wie der Rote Madagassische Riesenschnurfüßer zu halten.

Wüsten-Schnurfüßer
Orthoporus ornatus

Verbreitung: Südwesten der USA, Nordmexiko
Lebensraum: Wüstenboden, Wüstensträucher
Größe: Weibchen 14 cm, Männchen 14 cm
Nahrung: Pflanzenreste, Rinde von Wüstensträuchern
Larven: Pflanzenreste
Entwicklungsdauer: im Ei ca. 6 Wochen, Larven mehr als 2 Jahre

Lebensdauer: langlebig, genaue Lebensdauer unbekannt

Der Wüstentausendfüßer *Orthoporus ornatus* ist in seinem Verbreitungsgebiet häufig anzutreffen. Er hat sich an die extremen Umweltbedingungen, vor allem den Wassermangel, angepaßt und ist als pflanzlicher Abfallfresser einer der wichtigsten Biofaktoren im Stoffkreislauf der dortigen Wüstenlebensräume.

Der Körper ist gewöhnlich mittelbraun gefärbt und abwechselnd hellbraun bis gelb geringelt. Die Farbe der Ringelung variiert im Verbreitungsgebiet je nach geographischer Herkunft der Tiere (CAUSEY 1964).

Biologie: Nach der Überwinterung ungefähr Mitte Mai kommen die Wüstenschnurfüßer an die Bodenoberfläche (CRAWFORD 1976). Sie haben eine relativ kurze Periode, in der sie Nahrung aufnehmen, sich paaren, Eier legen und wanderm; sie dauert in der Regel 4 bis 5 Monate.

Die Hauptaktivitätszeit fällt zusammen mit den Regenfällen während der warmen Monate des Jahres (WOOTEN und CRAWFORD 1974). Die Lauf- und Freßaktivität ist am größten in den frühen Morgenstunden und am späten Nachmittag. Sie hört auf, wenn die die Temperatur über 35 °C ansteigt und beginnt wieder, wenn die Temperatur unter diesen Wert sinkt. In den heißesten Tagesstunden halten sich die Tiere in Höhlen von Wüstensäugern, unter Steinen oder im Schatten unter den Wüstenpflanzen auf (CRAWFORD, WOOTEN und RIDDLE 1975).

Die Nahrung besteht hauptsächlich aus totem Pflanzenmaterial und Rinde lebender Wüstensträucher. Sie klettern dabei auf Kreosot- (*Larrea divaricata*), Ocotillo- (*Fouquieria splendens*) und Mesquitesträucher (*Prosopis glandulosa*), auf Feigenkakteen (*Opuntia* ssp.) und auf Mormonentee (*Ephedra* ssp.), wobei sie die Rinde von den Zweigen nagen. Der Mesquitestrauch und Mormonentee werden besonders bevorzugt. Auf dem Boden wird nur Nahrung nach einem Regen aufgenommen. Dann fressen die Wüstenschnurfüßer auch Sand, kleine Steinchen und tote Gliederfüßer (WOOTEN und CRAWFORD 1975).

Die Paarung, Eiablage und Häutung verläuft wie beim Madagassischen Riesenschnurfüßer. Zur Winterruhe graben sich die Tiere im November wieder in den Boden ein, meist liegen sie dann unter großen Steinen oder sie benutzen Nester von Ernteameisen, die tief in den Boden reichen, und Höhlen von Wüstensäugern.

Haltung und Zucht: Zur Haltung braucht man ein großes Aquarium mit Aufsatz, wie es in Abb. 19 vorgeschlagen wird. Man sollte sich wenigstens eine der von den Tieren bevorzugten Nahrungspflanzen besorgen und sie in das Becken pflanzen. Das Substrat darf nicht austrocknen. Man verwendet dafür ein Gemisch aus Sand, Torf und Lehm.

Die Nahrung besteht aus getrockneten und wieder aufgeweichten Pflanzenstoffen. Trockene Pflanzenstoffe werden nicht gefressen. Als Rindenlieferanten kann man Zweige von Sträuchern anbieten, die die Trockenheit lieben.

Schwierigkeiten erwachsen dem Anfänger hier mit der Erzeugung der geeigneten Umweltfaktoren Licht, Temperatur und Feuchtigkeit. Eine Hilfestellung bietet hier das vorgeschlagene Programm:

Die Feuchtigkeit im Boden muß unter allen Bedingungen konstant bleiben. Die Feuchtigkeit der Bodenoberfläche wird durch Besprühen reguliert. Für die Beleuchtung sind Strahler mit einem sonnennahen Lichtspektrum erforderlich. Die Zeitangabe mit Wärmestrahler bezieht sich auf die Lufttemperatur. Die übrigen Zeitangaben beziehen sich auf die Temperatur im Boden und in der Luft.

Auch diese Art gibt beim Berühren mit den Händen ätzendes Wehrsekret ab. Es wird daher wie beim Madagassischen Riesenschnurfüßer verfahren.

Zeitraum	Bodenoberfläche	Lufttemperatur	Licht
Dez.–März	trocken	< 20 °C	8–18 Uhr
April–Juni	feucht	17–10 Uhr, 20 °C 10–16 Uhr, 35 °C (Wärmestrahler)	6–20 Uhr
Juli–Sept.	feucht	17–10 Uhr, 22 °C 10–16 Uhr, 35 °C (Wärmestrahler)	6–20 Uhr
Okt.–Nov.	trocken	17–10 Uhr, 20 °C 10–16 Uhr, 25 °C (Wärmestrahler)	8-19 Uhr

Spinnentiere (Arachnida)

Von den Spinnentieren werden hier nur die Skorpione (Abb. 30) und Spinnen (Abb. 34) behandelt. Der Körper gliedert sich in zwei Körperabschnitte. Brust und Kopf sind verschmolzen und bilden den sechs Gliedmaßenpaare tragenden Vorderkörper (Prosoma). Der Hinterleib (Opisthosoma) ist bei den Spinnen ungegliedert und bei den Skorpionen gegliedert. Das vorderste Gliedmaßenpaar, die Kieferklauen (Cheliceren), dienen bei den Spinnen dem Beuteerwerb, bei den Skorpionen zur Nahrungszerkleinerung. Das zweite Beinpaar ist bei den Spinnen bein- oder tasterartig entwickelt (Pedipalpen). Bei den Skorpionen trägt es mächtige Scheren, die zum Erwerb und zum Festhalten der Beute dienen.

Danach folgen vier Laufbeinpaare. Vorder- und Hinterkörper der Spinnen sind mit einem dünnen Stielchen (Petiolus) verbunden, bei den Skorpionen schließt sich der Hinterkörper direkt an den Vorderkörper an. Der Schwanz der Skorpione mit dem Giftstachel ist ein Teil des Hinterleibes und kein Körperanhang.

Im vorderen Bereich des Hinterkörpers befinden sich bei Spinnen und Skorpionen die Atem- und Geschlechtsöffnungen. Die Spinnen besitzen am Hinterkörperende die Spinnwarzen. Im Vorderkörper befindet sich der Magen, im Hinterleib der Darm und die Ausscheidungsorgane.

Die Atmungsorgane sind paarig angeordnete Fächerlungen oder Fächertracheen. Spinnen und Skorpione besitzen nur Punktaugen (Ocellen). Die Fühler fehlen ganz.

Skorpione sind lebendgebärend. Spinnen legen Eier, die sie zum Schutz in einen Seidenkokon einspinnen.

Skorpione (Scorpionideae)

Gemeiner Mittelmeerskorpion

Buthus occitanus (Buthidae)
Abb. Seite 141

Verbreitung: Südfrankreich, Spanien, Nordafrika, Mittlerer Osten, Südportugal
Lebensraum: küstennahe Dünen, Steinwüste
Größe: Weibchen 7 cm, Männchen 5 cm
Nahrung: Spinnen, Fliegen, Kleinschmetterlinge, sonstige kleine Insekten
Larven: nach dem Schlüpfen Nahrungsbrei von der Mutter, kleinste und kleine Insekten und Spinnen
Entwicklungsdauer: im Ei 5 Monate, Larven 2 Jahre
Lebensdauer: Weibchen 3 Jahre, Männchen 2 Jahre

Abbildung 30:
Bauplan der Skorpione (Scorpionidae, Buthidae), schematisch.

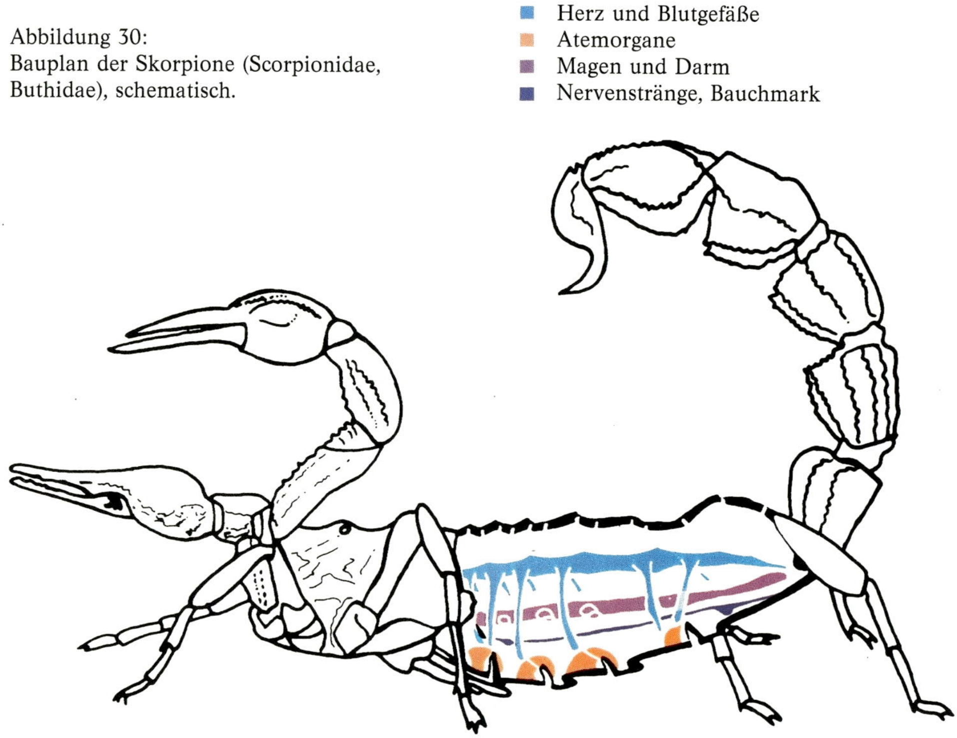

Diese Skorpionsart ist die häufigste im gesamten Mittelmeerraum. Die Färbung ist sandgelb. Der vordere Bereich des Hinterleibes ist auf dem Rücken bräunlich. Das schwanzförmige Hinterleibsende mit dem Giftstachel ist nicht ausgesprochen dick. Die Scheren der Pedipalpen sind pinzettenartig schlank. Ein Paar Punktaugen liegen auf dem Rücken des Vorderkörpers und an den Seiten jeweils Gruppen von Seitenaugen.

Die Geschlechter sind nur eindeutig an den Kammorganen (Pectines) auf der Bauchseite hinter den Laufbeinen zu unterscheiden. Über die Funktion dieser seltsamen Gebilde ist bisher wenig bekannt. Die Kämme der Männchen sind immer deutlich länger als die der Weibchen. Die Weibchen sind auch oft größer als die Männchen.

Biologie: Der Feldskorpion *Buthus occitanus* ist ein Nachttier. Seine gangartigen Höhlen legt er unter Steinen an oder er benutzt verlassene Gänge und Höhlen von Kleinsäugern. Die Beute wird mit Haarsensillen (Trichobothrien) auf den Scherenhänden erspürt und blitzschnell ergriffen. Diese Art ist in der Lage, kleine Insekten im Flug zu ergreifen. Größere Beutetiere werden durch einen Stich mit dem Giftstachel getötet oder zumindest betäubt.

Gemeiner Mittelmeerskorpion *(Buthus occitanus).*

Die Geschlechter sind Einzelgänger und kommen nur zur Paarung zusammen. Die Männchen machen sich in dieser Zeit auf die Suche nach den Weibchen.

Hat das Männchen ein Weibchen entdeckt, so löst dies ein Körperzittern aus, das dem Paarungszeremoniell vorausgeht. »Zur Einleitung des sogenannten Paarungstanzes ergreift das Männchen die Scherenhände des anfangs meist noch recht aggressiven, abweisenden Weibchens. Dieser ›Tanz‹, bei dem die Partner manchmal stundenlang Hand in Hand umherlaufen, sich mit den Cheliceren betasten und gelegentlich sogar stimulierend in die Pedipalpen stechen, hat mehrere Funktionen: Er baut die Aggressivität ab, synchronisiert das Paarungsverhalten der Geschlechter und führt zur Auswahl eines geeigneten Untergrundes für die Spermatophore. Dieses Chitingebilde, das an der Spitze das eigentliche Spermienpaket enthält, wird vom Männchen aus der Genitalöffnung ausgepreßt und mit einem sehr schnell erhärtenden Sekret auf einen festen Gegenstand, z. B. einen Stein oder ein Stück Rinde, geklebt. Dann kommt der wichtigste Teil dieser langwierigen Hochzeitsvorbereitungen: Das Männchen zieht seine Partnerin über die abgesetzte Spermato-

Abbildung 31:
Kleines Becken für die Haltung von Feldskorpionen (Buthidae).

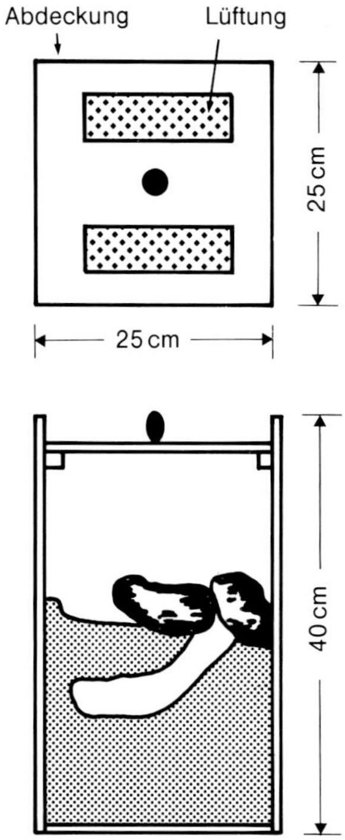

phore, deren apikaler Teil mit den Spermienpaketen in die weibliche Geschlechtsöffnung eindringt. Übrig bleibt der am Boden haftende Spermatophorenstiel« (KRAPF 1988 b).

Nach ungefähr fünf Monaten bringt das Weibchen zwischen 30 und 40 Junge zur Welt, die auf dem Rücken der Mutter umhergetragen werden. Die kleinen Larven sind pigmentlos und völlig hilflos. Die Larven verbrauchen bis zur ersten Häutung ihren Dottervorrat und nehmen keine Nahrung auf. Nach der ersten Häutung verlassen die Larven die Mutter und werden selbständig. Bis zur Geschlechtsreife häuten sie sich vier- bis siebenmal, danach nicht mehr.

Haltung und Zucht: Diesen Wüstenskorpion hält man einzeln in kleinen Plastik- oder Glasaquarien mit gut schließendem Deckel (Abb. 31). Als Substrat verwendet man Sand, dem etwas Lehm beigemischt ist, damit die Wohnhöhle bei eventueller Austrocknung nicht zusammenfällt. Einige flache und runde Steine werden auf das Substrat verteilt. Ein flacher Stein mit einer Mulde dient als Tränke, in die man abends ein paar Tropfen Wasser gibt.

Die Haltungstemperatur beträgt tagsüber mindestens 25 °C. Sie kann nachts auf Zimmertemperatur absinken. Beleuchtet wird mit möglichst heller Beleuchtung (im Winterhalbjahr 10 Stunden und im Sommerhalbjahr 14 Stunden lang), die auch als Wärmequelle dienen kann.

Für die Zucht kann man ein Aquarium wie in der Abb. 28 verwenden (Substrat: Sand, Lehm). Es müssen mehrere flache Steine über den Boden verteilt werden, damit die Spermatophorenablage des Männchens möglich ist. Zur Fortpflanzung brauchen die Tiere eine Temperatur zwischen 30 und 35 °C am Tag und nicht unter 25 °C in der Nacht. Die Aufzucht der Jungen ist sehr schwierig. Sie brauchen zum Häuten eine hohe Luftfeuchtigkeit, die man erreicht, indem man abends nach dem Dunkelwerden die Bodenoberfläche ansprüht. Jeder Jungskorpion muß einzeln aufgezogen werden.

Der Umgang mit Skorpionen ist gefährlich, daher sei hier etwas grundsätzliches gesagt: Skorpionshaltung ist nichts für Anfänger! KRAPF (1988 a) formuliert vier Punkte, die man bei der Haltung von Skorpionen beachten muß:

1. Skorpionbehälter müssen einen an den Rändern dicht schließenden Deckel besitzen, der nicht unabsichtlich verschoben werden kann.
2. Besonders Kinder dürfen nicht in solche Behälter hineinfassen können, da für sie das Risiko ernsthafter Stichfolgen am größten ist.
3. Beim Hantieren im Behälter sollte man sich an den Gebrauch einer kräftigen und langen Pinzette gewöhnen. Da sich manche Tiere geschickt daran entlang hangeln können, fixiere man den »Schwanz« mit der Pinzette nicht seitlich, sondern klemme ihn an Ober- und Unterseite des dritten Segmentes ein.
4. Stiche von bestimmten Buthidae (*Buthus occitanus*, *Anthroctonus australis*) bedürfen in schweren Fällen der Serumtherapie. Die Firma Antitoxin Dr. Helmbold GmbH stellt z. B. ein polyvalentes »Skorpiongift-Immunserum (Nordafrika)« her, das die Twyford Pharmaceuticals GmbH, Knollstr. 50, 6700 Ludwigshafen, vertreibt. Maßnahmen wie Aussaugen, Ausschneiden oder Tiefkühlen der Stichstelle sind sinnlos und gefährlich. Bedacht werden muß auch die Möglichkeit allergischer Reaktionen auf Gift oder Serum.

Es ist selbstverständlich, daß nach einem Skorpionstich sofort ein Arzt aufgesucht wird.

Sahara-Dickschwanzskorpion

Anthroctonus australis (Buthidae)

Verbreitung: Nordafrika
Lebensraum: Wüstendünen, Steinwüste
Größe: Weibchen 8 cm, Männchen 6 cm
Nahrung: Insekten, Spinnen
Larven: kleinste und kleine Insekten und Spinnen
Entwicklungsdauer: im Ei 5 Monate, Larven 2 Jahre
Lebensdauer: Weibchen 3 Jahre, Männchen 2 Jahre

Der Dickschwanzskorpion zählt zu den giftigsten Skorpionen. Er gleicht im Aussehen dem Gemeinen Mittelmeerskorpion und unterscheidet sich nur durch die sehr dicken Glieder des schwanzförmigen Hinterleibes und die breiteren Scherenhände von diesem.
Biologie: Wie beim Gemeinen Mittelmeerskorpion.
Haltung und Zucht: Wie beim Gemeinen Mittelmeerskorpion.

Sahara-Dickschwanzskorpion *(Anthroctonus australis).*

Afrikanischer Waldskorpion (Kaiserskorpion)
Pandinus imperator (Scorpionidae)

Verbreitung: Westafrika, Elfenbeinküste, Senegal, Ghana
Lebensraum: Tropischer Regenwald
Größe: Weibchen über 20 cm, Männchen etwas kleiner
Nahrung: Insekten, Spinnen, Kleinwirbeltiere
Larven: kleinste und kleine Insekten und Spinnen
Entwicklungsdauer: im Ei mehr als ein Jahr, Larven mehr als 2 Jahre
Lebensdauer: mehr als 13 Jahre

Der Kaiserskorpion ist einer der größten Skorpione. Er ist schwarz gefärbt und im natürlichen Licht irisiert er dunkelgrün. Seine Pedipalpen sind lang und tragen breite dicke Scherenhände. Männchen und Weibchen lassen sich an der Länge der Kammzähne unterscheiden. Die Kammzähne der Männchen sind länger als die der Weibchen.

Afrikanischer Waldskorpion *(Pandinus imperator).*

Biologie: Dieser große Waldskorpion bewohnt den Boden des Regenwaldes. Er gräbt sich tiefe Höhlen meist unter Wurzeln. Er lebt aber auch unter Steinen in Ufernähe von Flüssen (HULL-WILLIAMS 1988).

Diese Art ist nicht kannibalisch. Es können mehrere Generationen in einer Wohnhöhle nebeneinander leben. Nachts geht er auf Beutesuche. Seine Beute ergreift er mit den kräftigen Scherenhänden und verzehrt sie lebendig. Der Giftstachel wird nur selten zum Betäuben der Beute benutzt.

Die Paarung vollzieht sich wie beim Gemeinen Mittelmeerskorpion beschrieben. Die *Pandinus*-Weibchen gebären aber im Schnitt nur 18 weiße Junge, die schon eine beachtliche Größe haben. Nach ungefähr zweieinhalb Wochen häuten sich die Larven zum ersten Mal und verlassen danach den Rücken der Mutter. Häutung und Wachstum erfolgt in Abhängigkeit von der Ernährung. Bis zur Geschlechtsreife häuten sich die Larven vier- bis siebenmal.

Haltung und Zucht: Große Arten brauchen selbstverständlich mehr Raum. Außerdem kann man mehrere Skorpione zusammen halten. Es genügt ein Becken von ca. 100 Liter Inhalt (Abb. 32). Damit die Tiere ihrem Grabbedürfnis nachkommen können, muß die Bodenfüllung mindestens 5 cm betragen. Es ist ein Gemisch aus Gartenerde, Torf, Sand und etwas Lehm. Als Unterschlupf sind Korkplatten oder kleine Baumstubben geeignet. Für die Einzelhaltung der

Abbildung 32:
Haltungs- und Zuchtbecken für Waldskorpione (Scorpionidae) oder Vogelspinnen (Theraphosidae).

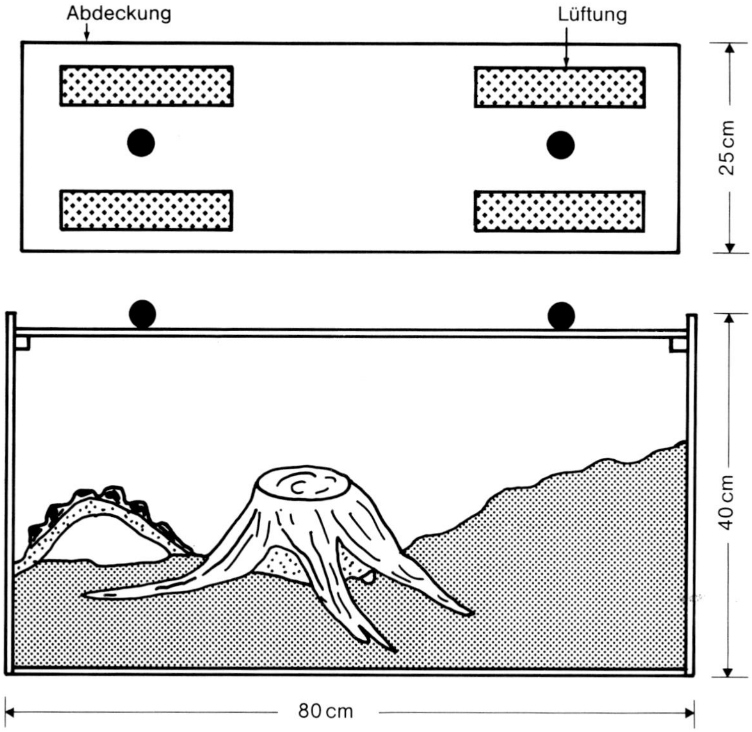

Jungskorpione genügt ein kleines Glasterrarium (Abb. 33).

Die Temperaturschwankungen in den Tropen am Boden sind gering; es herrscht immer Dämmerung. Für die Beleuchtung reicht das natürliche Tageslicht oder an einem dunklen Standort ein Dämmerlicht. Die Tiere sind dann auch am Tage zu sehen.

Die Temperatur kann zwischen 25 und 28 °C im Tagesverlauf schwanken. Man verwendet hier einen Rotlichtstrahler als Dauerheizung oder eine Heizmatte unter dem Becken. Eine geringe Nachtabsenkung ist vorteilhaft. Die Luftfeuchtigkeit darf nicht unter 70 % absinken.

Im *Pandinus*-Terrarium werden die Tropenbedingungen durch tägliches Sprühen von etwa Mai bis Juli (Hauptregenzeit) und im Oktober (Zwischenregenzeit) simuliert (KRAPF 1988 b).

Abbildung 33:
Becken für die Einzelhaltung von Waldskorpionen (Scorpionidae) und Vogelspinnen (Theraphosidae).

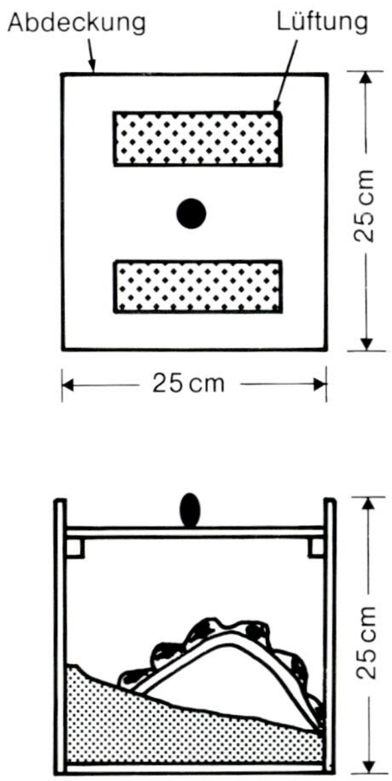

Spaltenskorpion *(Hadogenes bicolor)*.

Spaltenskorpion
Hadogenes bicolor (Scorpionidae)

Verbreitung: Südafrika
Lebensraum: Felsensteppe
Größe: Weibchen 9 cm, Männchen 11 cm
Nahrung: Insekten, Spinnen
Larven: kleinste und kleine Insekten und Spinnen
Entwicklungsdauer: im Ei unbekannt, Larven unbekannt
Lebensdauer: mehrere Jahre

Der Spaltenskorpion ist zwischen Bauch und Rücken stark abgeflacht. Selbst die Scherenhände und der schwanzartige Hinterleib sind flach gebaut. Männchen und Weibchen sind an der unterschiedlichen Länge der »Schwanzglieder« zu unterscheiden. Beim Männchen sind sie mindestens ein Drittel länger als beim Weibchen. Die Färbung ist ein schmutziges Gelb bis Grau.

Biologie: Als Spaltenbewohner hält er sich über dem Boden zwischen flachen Steinen auf und lauert dort auf Beute, die er mit den kräftigen Scherenhänden ergreift und festhält. Er benutzt seinen Stachel nur zur Abwehr von Störenfrieden. In den Spalten wird der »Schwanz« seitlich neben den vorderen Teil des Körpers gelegt. Über die Biologie ist sonst wenig bekannt.

Haltung und Zucht: Die Haltung erfolgt wie bei den Feldskorpionen. Nur muß man Steinplatten, am besten ist Schiefer, so aufeinanderlegen, daß sich die Tiere gerade dazwischen legen können.

Abbildung 34:
Bauplan der Spinnen (Araneae), schematisch.

- Herz und Blutgefäße
- Atemorgane
- Magen und Darm
- Nervenstränge, Bauchmark

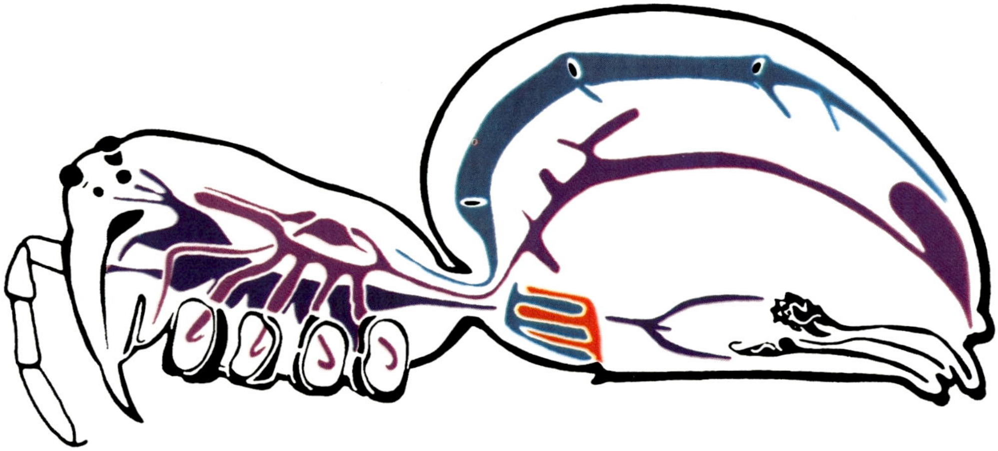

Webspinnen (Araneae)

Seidenspinne
Nephila spec. (Araneidae)

Verbreitung: weltweit
Lebensraum: tropische und subtropische Wälder
Größe: Weibchen 3 bis 4 cm, Männchen 3 bis 10 cm
Nahrung: große fliegende Insekten, Heuschrecken (Acrididae)
Larven: Fruchtfliegen (*Drosophila* spec.), Fliegen (*Musca* spec. u. a.)
Entwicklungsdauer: im Ei ca. 3 Monate, Larven: Weibchen ca. 3 Monate, Männchen ca. 1 Monat
Lebensdauer: ca. 6 Monate

Die Seidenspinnen sind die größten Kreuzspinnen überhaupt. Das bezieht sich aber nur auf die Weibchen, denn der Größenunterschied zu den Männchen ist beträchtlich. Die Färbung ist auffallend bunt. Die Vorderkörperoberseite ist meist glänzend silbern. Der langgestreckte Hinterleib ist gelb, grün, schwarz, silbern und braun gefärbt. Farbe und Muster variieren stark. Die Beine sind sehr lang. An den Gelenken sitzen Haarbüschel. Abgesehen von der Kleinheit der Männchen erkennt man diese an den blasenförmigen Begattungsorganen der Beintaster (Pedipalpen).

Biologie: Die Weibchen bauen zwischen den Stämmen und großen Ästen der Bäume ihre riesigen Radnetze, die einen Durchmesser zwischen 70 und 150 cm

Seidenspinne (*Nephila* spec.), Weibchen im Netz mit aufgehängter Beute.

haben können. Die Seide ist so fest, daß sich auch kleine Vögel darin verfangen können. Um ein Netz anzufertigen, benötigen die Spinnen mindestens 90 Minuten. Hat sich ein Beutetier im Netz gefangen, wird es durch Rütteln des Netzes durch die Spinne geortet. Die Spinne läuft auf das Beutetier zu und beißt es ein oder mehrere Male mit den Cheliceren. Wenn sich größere Beutetiere dann noch immer wehren, werden sie in lebendem Zustand eingesponnen. Die toten Beutetiere werden ausgesaugt. Die kleinen Männchen leben mit den Weibchen in einem Netz, wo sie gelegentlich auch gemeinsam an einem Beutetier saugen.

»Interessant ist auch das Zustandekommen der Kopulation. Das Männchen bevorzugt stets als ständigen Aufenthaltsort die dem Weibchen gegenüberliegende Netzseite. Hat nun das Weibchen eine Beute gefangen und einen Teil davon gefressen, beginnt das Männchen durch Rütteln und Zupfen am Netz den ersten Kontakt herzustellen. Anschließend beißt es geschickt einige Spiralfäden aus der Netzstruktur und steigt hinüber. Es wählt stets den Weg über den Analhügel (bauchseitiges Hinterleibsende) des Weibchens, klettert dann auf den Rücken des Opisthosoma, verharrt einen Augenblick und begibt sich dann auf die Bauchseite, um zu kopulieren« (REICHE 1985).

Zur Eiablage und zum Kokonbau begeben sich die Weibchen an die Peripherie des Netzes. Der Kokonbau dauert mehrere Stunden. Der fertige Kokon wird am Rande des Netzes aufgehängt.

Die Jungspinnen schlüpfen im Kokon und halten sich noch ca. 30 Tage darin auf. Nach dem Verlassen des Kokons bilden sie über mehrere Tage eine Aggregation (Zusammenballung) in einem Gemeinschaftsnetz. Langsam entsteht eine »lose Einheit«, in der die Beutetiere zum Teil noch von mehreren Individuen überwältigt und gemeinsam gefressen werden. Wenige Tage später zerstreuen sich die Jungspinnen und weben von nun an winzige Radnetze (REICHE 1985). Die Männchen häuten sich bis zur Reife vier- bis fünfmal, die Weibchen meist elfmal.

Haltung und Zucht: Diese großen Webspinnen hält man am besten frei in Holzrahmen von 70 bis 100 cm Seitenlänge. Es geht aber auch in Zuchtkästen (Abb. 23). Die Temperatur kann durchschnittlich 22 °C betragen. Die Netze werden täglich mit einem Zerstäuber angesprüht. Die Aufzucht der Jungspinnen erfolgt ebenfalls in Zuchtkästen. Man muß versuchen, einen Zuchtansatz mit Jungspinnen bei niedriger Temperatur (18 bis 20 °C) aufzuziehen, um die Entwicklung der Männchen zu verzögern. Durch die lange, normale Entwicklungsdauer der Weibchen, sind die Männchen aus dem gleichen Kokon schon gestor-

Opuntienspinne *(Cyrtophora citricola)*, Weibchen unter ihren Eikokons hängend.

ben, bevor die Weibchen geschlechtsreif geworden sind. Die Futtertiere werden lebend in die Netze geworfen.

Opuntienspinne

Cyrtophora citricola (Araneidae)

Verbreitung: Europäische Mittelmeerländer, Brasilien, Subtropisches und Tropisches Afrika, Subtropisches und Tropisches Asien, Australien
Lebensraum: Strauchvegetation
Größe: Weibchen 15 mm, Männchen 5 mm
Nahrung: fliegende Insekten bis 15 mm Körpergröße
Larven: Fruchtfliegen (*Drosophila* spec.)
Entwicklungsdauer: im Ei ca. 4 Wochen; Larven: Weibchen ca. 5 Monate, Männchen ca. 2 Monate
Lebensdauer: ca. 8 Monate

Der Körper ist schwarz und weiß behaart mit einem kreuzspinnenähnlichen Muster auf dem Rücken. Das Grundmuster und die Farben können variieren. Außer schwarz und weiß wurden noch gelbe, orangerote, rote und braune Farbtöne festgestellt (BLANKE 1972).
Biologie: Mit Vorliebe lebt *Cyrtophora citricola* zwischen Opuntienpflanzen. Dort bilden Individuen aller Stadien eine Kolonie. Ihre Raumnetze sind die aufwendigste Netzkonstruktion in der Spinnenwelt. Das *Cyrtophora*-Netz ist waagerecht angeordnet, und die Spinne hängt im Zentrum darunter. Im Innern befindet sich ein kreisrundes regelmäßig gemaschtes Deckennetz (Baldachin). Nach unten ziehen wenige Ankerfäden. Über dem Deckennetz befindet sich ein Dschungel von Fangfäden. Ein Weibchen braucht für die Herstellung vier Nächte (KULLMANN und STERN 1975).

Die Weibchen benutzen zur Tarnung im Netz Beutereste und Fremdkörper verschiedener Farbe. Männchen und Weibchen sind in der Lage, ihre Hinterleibsfärbung in der Helligkeit an die Umgebungsfarbe anzupassen. Nicht verzehrte Beutetiere werden eingesponnen und als Vorrat in der Nähe der Warte aufgehängt. Ausgesaugte Beute wird ebenfalls im eingewickelten Zustand aufgehängt. Diese Kugeln dienen als Wasserlieferant, denn an ihnen schlägt sich der Tau nieder. Jungspinnen und Männchen können sich nicht nur mit Hilfe von Brückenfäden, sondern auch durch Fadenflug verbreiten (Blanke 1972).

Während der Balz zieht das Männchen einen Werbefaden in der Nähe des Weibchens, an dem er mit zunehmender Geschwindigkeit zupft. Das Zupfen geht häufig in ein Vibrieren des ganzen Körpers über, wobei das Männchen hin- und hergeschüttelt wird (Blanke 1972). Auf dieses Verhalten hin nähert sich das Weibchen dem Männchen und es kommt zur Kopulation. Die Eikokons hängt das Weibchen im Netzzentrum senkrecht untereinander.

Haltung und Zucht: Die Opuntienspinne kann man in allen möglichen Behältnissen ziehen. Sie müssen nur eine lichte Weite von mindestens 30 bis 40 cm haben, d. h. der Spinne muß ein Raum zur Verfügung stehen, der ihr genügend Platz für die Maschendecke mit den beiden irregulären Netzteilen (darüber und darunter) und zusätzlich Anheftungspunkte für die Spannfäden bietet (Blanke 1972). Wer diese Spinne sich frei entfalten lassen will, der kann einen Netzbaurahmen verwenden, der aus den Kanten eines Quaders besteht und höher als breit sein muß (Kullmann 1958). Es haben sich auch 120 cm lange Stäbe bewährt, die im Abstand von 30 bis 40 cm auf einer Bodenplatte befestigt wurden (Blanke 1972).

Diese Spinne ist bestens für Anfänger geeignet. Man kann sie bei Zimmertemperatur halten und züchten. Die Luftfeuchtigkeit spielt keine Rolle, wenn man jeden Morgen die Netze leicht ansprüht. Das Futter besteht aus lebenden Insekten bis zur Bienengröße. Man wirft die Futtertiere entweder leicht angefeuchtet oder im Kühlschrank bis zur Starre abgekühlt aus einem Glas ins Netz.

Kraushaarvogelspinne
Euathlus albopilosus (Theraphosidae)

Verbreitung: Costa Rica, Guatemala, Honduras, Panama
Lebensraum: tropischer Regenwald
Größe: Weibchen 7 cm, Männchen 5 cm
Nahrung: Insekten, Kleinwirbeltiere
Larven: Insektenlarven
Entwicklungsdauer: im Ei 5 Wochen, Larven 2 bis 3 Jahre
Lebensdauer: Weibchen mehr als 12 Jahre, Männchen bis 2 Jahre

In jüngster Zeit sind zwei sehr gute Bücher über Bestimmung, Lebensweise, Haltung und Zucht von Vogelspinnen herausgekommen: Schmidt (1989) und Klaas (1989). Aus diesem Grunde stelle

Kraushaarvogelspinne *(Euathlus albopilosus),* Weibchen.

ich hier nur zwei Beispiele vor, die den Anfänger mit dem notwenigen Wissen ausstatten, Vogelspinnen artgerecht zu halten und zu züchten. Es sei mir hier ausnahmsweise gestattet, Texte dieser Autoren zu übernehmen.

Die Kraushaarvogelspinne *Euathlus albopilosus* ist eine für den Anfänger bestens geeignete Vogelspinne. Sie ist nicht aggressiv und langsam in ihren Bewegungen. Die Grundfärbung ist samtbraunschwarz. Die dicht sitzenden längeren Haare sind hellbraun und enden in einer leicht gekrümmten Spitze. Das verleiht dieser Spinne ein struppiges Aussehen. Besonders auffällig ist das bei frisch gehäuteten Tieren.

Die geschlechtsreifen Männchen sind an den zu Begattungsorganen umgebildeten Beintastern (Pedipalpen) zu erkennen. Die Beintaster haben ein blasenförmig aufgetriebenes Endglied (Bulbus), das hakenförmig spitz ausläuft. Außerdem befinden sich an der Schiene des ersten Laufbeinpaares hakenförmige Fortsätze, die ebenfalls bei der Begattung eine Rolle spielen. Während der Wachstumsphase der Männchen sind diese äu-

Abbildung 35 (oben):
Kraushaarvogelspinne *(Euathlus albopilosus):* weibliche Larvenexuvie, Ausschnitt von innen (Erläuterung im Text).

Abbildung 36 (unten):
Kraushaarvogelspinne *(Euathlus albopilosus):* männliche Larvenexuvie, Ausschnitt von innen (Erläuterung im Text).

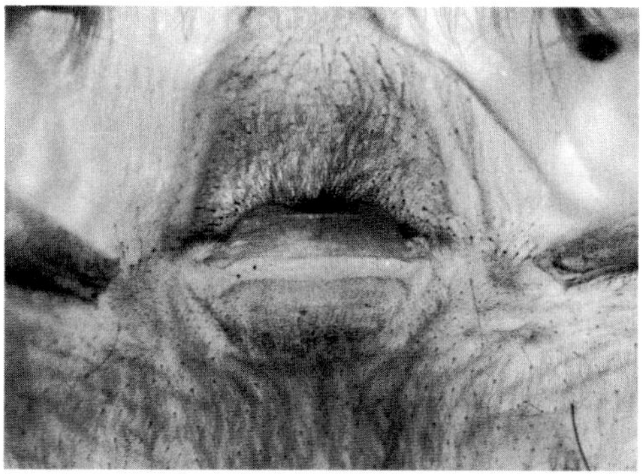

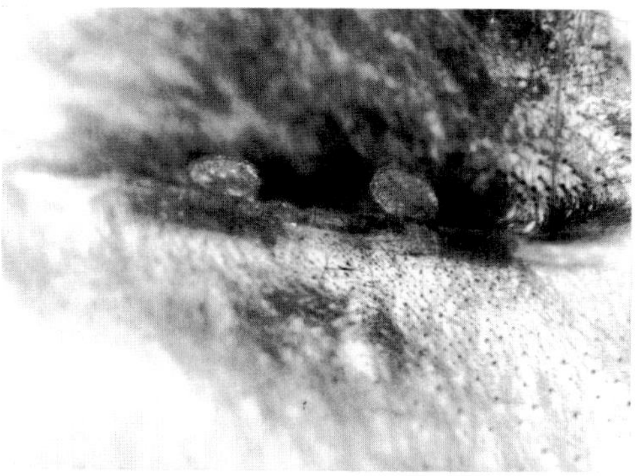

ßerlich nicht von den Weibchen zu unterscheiden. Erst mit der letzten Häutung (Reifehäutung) werden die Begattungsorgane angelegt. Wenn die jungen Vogelspinnen ca. 4 cm Körpergröße erreicht haben, ist es möglich, im Innern der abgestreiften Haut (Exuvie) Männchen und Weibchen zu erkennen. Über der Mündung der Geschlechtsorgane (Epigastralfurche) im vorderen Bereich des Hinterleibes befindet sich bei den Weibchen ein kleines lappenförmiges Gebilde (Abb. 35) und bei den Männchen zwei kleine Zäpfchen (Abb. 36).

Biologie: Die Kraushaarvogelspinne ist ein Bodenbewohner des tropischen Regenwaldes. Sie lebt in selbstgegrabenen Höhlen meist unter Baumwurzeln. Die Höhlen sind mit Spinnseide ausgekleidet. Der Eingang ist offen. Am Eingang lauert die Vogelspinne auf Nahrung. Geringste Erschütterungen werden wahrgenommen. Befindet sich das Opfer in erreichbarer Nähe, stürzt sich die Spinne mit aller Kraft darauf und sticht mehrmals mit den nadelspitzen Kieferklauen (Cheliceren) in den Leib des Beutetieres, wobei Gift austritt und das Opfer lähmt. Das in das Beutetier gespritzte Gift ist gleichzeitig Verdauungssekret. Die inneren Organe des Beutetieres werden aufgelöst und von der Spinne aufgesogen.

Störenfriede und Freßfeinde werden durch eine Drohgebärde und durch Abbürsten der mit Häkchen versehenen Hinterleibshaare vertrieben. Beim Drohen erheben die Spinnen ihren Vorderkörper und strecken dem Störenfried die Taster, die Vorderbeine und die geöffneten Giftklauen (Cheliceren) entgegen.

Zwischen Oktober und März liegt die Fortpflanzungszeit. Die erwachsenen Weibchen häuten sich vor der Paarung im Herbst. Zu diesem Zweck verschließen sie die Wohnhöhle und legen sich auf den Rücken. Die gesamte Häutung und die sich anschließende Aushärtung des Chitinpanzers erfolgt in der Rückenlage.

Sechs bis acht Wochen nach der Reifehäutung begeben sich die Männchen auf die Weibchensuche. Zuvor müssen die Tiere aber ihre beiden Bulben an den Tasterenden mit Sperma füllen. Das geschieht mit Hilfe eines selbstgesponnenen Spermanetzes. Zuerst wird der Boden mit einem dichten Gewebe ausgekleidet. Ein zweites, trapezförmiges Gespinst wird in etwa 2–4 cm Höhe parallel zur Unterlage errichtet. Anschließend klettert das Männchen mit einer Vorwärtsrolle zwischen die beiden Gespinste und heftet sich auf dem Rücken liegend einen Spermatropfen an die Unterseite des oberen Gewebes. Schließlich kriecht das Männchen wieder heraus und begibt sich unverzüglich auf das obere Gespinst über den Spermatropfen. Mit beiden Tastern greift das Männchen dann unter das Gewebe und saugt mit pumpenden Bewegungen der Bulben die Spermaflüssigkeit auf. Ist diese Prozedur beendet, reißt das Tier sein nutzlos gewordenes Spermanetz ab und verzehrt es zum größten Teil. Jetzt ist das Männchen zur Begattung eines Weibchens bereit.

Hat ein Männchen ein Weibchen gefunden, so versucht es durch energisches Klopfen mit Tastern und Vorderbeinen, die Aufmerksamkeit des Weibchens auf sich zu lenken. Dadurch wird das Weibchen plötzlich aggressiv, richtet sich mit gespreizten Cheliceren auf und verharrt so für kurze Zeit. Jetzt treten die Hakenfortsätze an den Schienen der Vorderbeine in Aktion. Vorsichtig schiebt das Männchen die Vorderbeine zwischen die Cheliceren des Weibchens. Die Hakenfortsätze verankern sich in den Cheliceren und gewährleisten immer einen sicheren Abstand. Das Männchen betrillert jetzt mit den Tastern zuerst die Brust, später die Genitalregion des Weibchens. Das Weibchen sackt nach hinten und bietet dem Männchen nun Gelegenheit, dessen Bulbenenden in ihre Geschlechtsöffnung einzuführen und den Samen in die Samentasche des Weibchens zu pumpen. Nach der Kopulation flüchtet das Männchen plötzlich und läßt das Weibchen fallen.

Nach etwa sechs bis zehn Wochen beginnt das Weibchen mit den Vorbereitungen zur Eiablage. Es fertigt in der Wohnhöhle einen Kokon aus Spinnseide an, der bis zu 500 Eier enthalten kann. Der Kokon wird vom Weibchen bewacht und zwischen den Cheliceren festgehalten. Nach fünf Wochen schlüpfen die Larven, die zunächst bis zur ersten Häutung in einem Gespinst am Kokon zusammenbleiben und sich danach in der Umgebung in winzigen Höhlen aufhalten.

Kraushaarvogelspinne *(Euathlus albopilosus)*, Weibchen mit frischgeschlüpften Larven.

Nach drei bis fünf Jahren sind die Vogelspinnen geschlechtsreif. Die Weibchen häuten sich dann pro Jahr einmal. Die Männchen häuten sich mit Eintritt der Geschlechtsreife nicht mehr und sterben wenige Monate nach der Fortpflanzungsperiode.

Haltung und Zucht: Vogelspinnen müssen immer einzeln gehalten werden. Dafür eignen sich Behälter, wie sie die Abb. 33 zeigt. Der Boden besteht aus fein gesiebtem feuchten Torf, der in einer mindestens 5 cm tiefen Schicht eingefüllt wird. Als Tränke wird eine kleine Glasschale eingesetzt, die immer Wasser enthalten soll. Als Beleuchtung genügt gedämpftes Tageslicht. Direkte Sonnenbestrahlung ist zu vermeiden. Der Bodengrund wird immer leicht feucht gehalten. Die Luftfeuchtigkeit sollte über 70 % liegen. Boden- und Lufttemperatur können konstant 25 °C betragen.

Für die Paarung benötigt man ein großes Terrarium wie in der Abb. 32. Die Weibchen kann man auch immer in einem solchen Becken halten. Die Jungspinnen verbleiben bis zur zweiten Häutung bei der Mutter. Dann werden sie herausgefangen und in Kleinterrarien einzeln aufgezogen.

Die Kraushaarvogelspinne ist eine Vogelspinne zum Anfassen. Sie läßt sich ohne Abwehrreaktion leicht berühren und auch auf der offenen Hand tragen. Das Abbürsten der Hinterleibshaare mit den Hinterbeinen signalisiert Unbehagen. Bei dieser Reaktion sollte man die Spinne in Ruhe lassen. Die abgebürsteten Haare verursachen beim Einatmen Juck- und Hustenreiz auf den Schleimhäuten. Grundsätzlich aber sind die Tiere am besten in ihrem Behälter aufgehoben.

Das Vogelspinnengift wirkt nach einem Biß wie nach einem Wespenstich. Die Bißverletzung selbst ist oft schmerzhafter. Die *Euathlus*-Vogelspinnen Südamerikas sind die harmlosesten und friedlichsten Vogelspinnen. Krankheiten durch Viren, Bakterien und Pilze treten häufig bei zu feuchter oder nasser Haltung auf. Gegen Bakterien und Virenbefall gibt es kein Mittel. Bei Pilzbefall, erkenntlich am weißen Überzug am Körper, schafft die Herabsetzung der Boden- und Luftfeuchtigkeit meist Abhilfe bei der Kraushaarvogelspinne.

Riesenvogelspinne *(Theraphosa leblondi)*, Weibchen.

Riesenvogelspinne
Theraphosa leblondi (Theraphosidae)

Verbreitung: Venezuela, Guyana
Lebensraum: Bodenbewohner
Größe: Weibchen 12 cm, Männchen 9 cm
Nahrung: Insekten, Spinnen, Kleinwirbeltiere
Larven: Insektenlarven
Entwicklungsdauer: im Ei 2 Monate, Larven 5 bis 6 Jahre
Lebensdauer: Weibchen mehr als 12 Jahre, Männchen bis 2 Jahre

Die Riesenvogelspinne *Theraphosa leblondi* ist eine der größten und schwersten Vogelspinnen der Erde. Die Spannweite kann zwischen den Füßen bis zu 30 cm betragen. Die Färbung reicht vom tiefen Schwarzbraun bis Hellbraun. Die Männchen haben keine Hakenfortsätze an den Schienen der Vorderbeine.
Biologie: Vergleichbar mit der Kraushaarvogelspinne.
Haltung und Zucht: Wie bei der Kraushaarvogelspinne.

Die Riesenvogelspinne ist angriffslustiger und darf nicht mit den Händen angefaßt werden. Die abgebürsteten Brennhaare des Hinterleibes sind noch aggressiver als die der Kraushaarvogelspinne; also Einatmen vermeiden! Man sollte hier die Vorsichtsmaßregeln wie bei den Skorpionen beachten.

Literaturverzeichnis

ARNETT, ROSS H. (1985): American Insects. A Handbook of the Insects of America north of Mexico. Van Notstrand Reinhold Company Inc., New York.

BEIER, M. (1968): Mantodea (Fangheuschrecken) in »Handbuch der Zoologie«. Eine Naturgeschichte der Stämme des Tierreiches. Handb. Zool., 4(2)2/12, 1–47, Walter de Gruyter, Berlin.

BIRKHEAD, T. R., LEE, K. E., YOUNG, P. (1988): Sexual cannibalism in the praying Mantis *Hierodula membranacea*. Behaviour, Vol. 106, P. 1–2, 112–118.

BLANKE, R. (1972): Untersuchungen zur Ökophysiologie und Ökethologie von *Cyrtophora citricola* Forskal (Araneae, Araneidae) in Andalusien. forma et functio, 5, 125–206, Pergamon Press & Vieweg, Oxford/New York/Buenos Aires.

BROCK, P. (1985): *Calynda* species. Phasmid Study Group Newsletter, 23, 7–8, London.

BÜCHERL, W., BUCKLEY, E. E. (1971): Venomous Invertebrates in: Venemous Animals and their Venoms, Vol. III, Academic Press, New York, London.

CAUSEY, N. B. (1964): New North and Central American Records of *Orthoporus* (Diplopoda: Spirostreptida). Proc. Biol. Soc. Wash., 77, 175–182.

CLARK, L. T. (1974): Stick and Leaf Insects. Barry Shurlock, Winchester.

CRAWFORD, C. S., WOOTEN, R. C., RIDDLE, W. A. (1975): Behavioural Thermoregulation of *Orthoporus ornatus* (Diplopoda: Spirostreptidae) in three Desert Habitats. Zool. J. Linn. Soc., 57, 59–74.

CRAWFORD, C. S. (1976): Feeding-Season Production in the Desert Millipede *Orthoporus ornatus* (Girard) (Diplopoda). Oecologia (Berl.), 24, 265–276, Springer-Verlag, Berlin.

CSIRO – Autorenkollektiv (1970): The Insects of Australia. A Textbook for Students and Research Workers. Melbourne University Press, Melbourne.

DAMBACH, M., LICHTENSTEIN, L. (1978): Zur Ethologie der afrikanischen Grille *Phaeophilacris spectrum* Saussure. Z. Tierphysiol., 46, 14–29, Paul Parey, Berlin/Hamburg.

DAMBACH, M., IGELMUND, H. (1983): Das Eiablageverhalten von Grillen. Entomologia Generalis, 8(4), 267–281, Fischer Verlag, Stuttgart/New York.

DE VRIES, PH. J. (1987): The Butterflies of Costa Rica and their Natural History. Princeton University Press, Princeton, New Jersey/USA.

DESCHANDOL, A. (1987): *Rhaphiderus scabrosus* (?) (Percheron 1829). Phasmid Study Group Newsletter, 33, 11–12, London.

DOBRORUKA, L. J. (1972): *Pholeogryllus*

geertsi Choppard 1923, eine afrikanische Höhlengrille. ZAG, Terrarienkunde, 19, 278–279, Berlin.

FEIR, D. (1974): *Oncopeltus fasciatus*. A research Animal. St. Louis University, St. Louis, Missouri.

FRIEDRICH, U., VOLLAND, W. (1981): Futtertierzucht – Lebendfutter für Vivarientiere. Verlag Eugen Ulmer, Stuttgart

GÜNTHER, K., et al. (1969): Urania Tierreich: Insekten. Verlag Harri Deutsch, Frankfurt a. Main/Zürich.

HAUSLEITHNER, B. (1984): Eine neue *Phyllium*-Art aus Malaysia (Phasmatodea: Phylliidae). Ent. Z., 94(4), 39–43, Alfred Kernen Verlag, Essen.

- (1985): Haltung und Zucht von *Eurycantha calcarata* (Phasmatodea). Ent. Z., 95 (10), 129–144, Reimar Hobbing GmbH Verlag, Edition Kernen, Essen.

– (1987): *Calynda brocki* n. sp., eine neue Stabschrecke aus Costa Rica, und einige Bemerkungen zur Systematik des Genus *Calynda* Stal (Phasmida). Ent. Z., 97 (13), 177–192, Reimar Hobbing GmbH Verlag, Edition Kernen, Essen.

HUBER, F. (1980): Zoologische Grundlagenforschung aus der Sicht eines Insektenbiologen. Verh. Dtsch. Zool. Ges., 73, 12–37, Gustav Fischer Verlag, Stuttgart.

HULL-WILLIAMS, V. (1988): How to keep Scorpions. Fitzgerald Publishing, London.

JACOBS, W., RENNER, M. (1988): Biologie und Ökologie der Insekten, 2. Auflage. Gustav Fischer Verlag, Stuttgart/New York.

KALTENBACH, A. (1986): Vorarbeiten für eine Revision der Phalangopsidae der äthiopischen Faunenregion (Saltatoria-Grylloidea). 3. Die zentralafrikanischen Arten der Gattung *Phaeophilacris* Walker. Sitzungsber. Österr. Akad. d. Wiss., Math.-Nat.-Kl., Abt. I, 195. 6.–10. H., 201–215, Springer-Verlag, Wien/New York.

KALYANAM, N. P. (1967): Common Insects of India. Asia Publishing House, London

KELER, S. VON (1963): Entomologisches Wörterbuch. 3. Auflage. Akademie-Verlag, Berlin.

KITTMAN, R. (1989): Antennenstridulation beim Wandelnden Blatt (Phasmida). Verh. Dt. Zool. Ges., 82, 320–321, Gustav Fischer Verlag, Stuttgart/ New York.

KLAAS, P. (1989): Vogelspinnen im Terrarium. Verlag Eugen Ulmer, Stuttgart.

KLEINSTEUBER, E. (1989): Kleintiere im Terrarium. Urania Verlag, Leipzig/ Jena/Berlin.

KRAPF, D. (1988 a): Skorpione – I. Morphologische Grundlagen, Sexualdimorphismus und Giftigkeit. Herpetofauna, 10(54)., 13–24, herpetofauna-Verlag, Weinstadt.

- (1988 b): Skorpione – II: Fortpflanzung, Wachstum und Haltung. Herpetofauna, 10(56), 24–33. herpetofauna-Verlag, Weinstadt.

KRAUS, O. (1971): Klasse Tausendfüßer in »Grzimeks Tierleben«, 1. Band, Niedere Tiere. 507–516, Kindler Verlag, Zürich.

KRIEG, A. (1961): Grundlagen der Insektenpathologie. 304 S., Steinkopf, Darmstadt.

KULLMANN, E. (1958): Beobachtungen des Netzbaues und Beiträge zur Biologie von *Cyrtophora citricola* Forskal. Zool. Jb. (Syst.), 86, 181–216, Gustav Fischer Verlag, Jena.

KULLMANN, E., STERN, H. (1975): Leben am seidenen Faden. Bertelsmann Verlag, München.

LAU, D. (1979): Beobachtungen über Fortpflanzung und Entwicklung der Australischen Gespenstschrecke, *Ectatosoma tiaratum* Mac Leay. Zool. Garten N. F., 49, 17–64, Jena.

- (1980): Bemerkungen zur Zucht Westafrikanischer Rosenkäfer, *Pachnoda marginata peregrina* Kolbe 1906. Milu, 5/3, 410–423, Berlin.

- (1987): Zur Fortpflanzung der Annam-Stabschrecke, *Baculum extradentatum* (Brunner von Wattenwyl). Zool. Anz., 218, 1/2, 81–92, Gustav Fischer Verlag, Jena.

LÖSER, S., SCHULTEN, D. (1981): Fortpflanzung und Verhalten der malayischen Riesengespenstschrecke *Heteropteryx dilatata* Park. (Phasmatodea, Phylliidae). Zeitschrift des Kölner Zoo, 24. Jg., H. 1, 23–27, Köln.

MELLO-LEITAO DE, C. (1939): Estudio monogr. de los Proscopidos. Rev. Mus. La Plata, N. S. 1, 279–448, Buenos Aires.

MEYR, E. (1967): Artbegriff und Evolution. Paul Parey, Hamburg/Berlin.

RATHMEYER, W. (1969): Die Wespen und ihre Verwandten. Teilordnung: Stechwespen. In: Grzimeks Tierleben, Band II., 474–494, Kindler, Zürich.

REICHE, W. (1985): Beitrag zur Ethologie von *Nephila senegalensis* (Walckenaer) (Arachnida: Araneae: Araneidae). Ent. Z., 95 (11), 151–160, Kernen Verlag, Essen.

RIETSCHEL, P. (1969): Familie Feldheuschrecken in: Grzimeks Tierleben, Zweiter Band, Insekten. Kindler Verlag, Zürich.

ROTHSCHILD, M., FARREL, C. (1985): The Butterfly Gardener. The Rainbird Publishing Group Ltd, London.

SCHMIDT, G. (1987): Wie gefährlich sind Spinnenbißvergiftungen wirklich? Natur und Museum, 117 (7), 197–207, Senckenbergische Naturforschende Gesellschaft, Frankfurt.

SCHMIDT, G. (1989): Vogelspinnen. 126 S., Blüchel & Philler Verlag, Minden.

SEIFERT, G. (1961): Die Tausendfüßer in »Die Neue Brehmbücherei«. A. Ziemsen Verlag, Wittenberg.

SKAIFE, S. H., LEDGER, J., BANNISTER, A. (1981): Afrikanische Insekten. Perlinger Verlag, Wörgl.

STANEK, V. J. (1985): Bunte Welt der Käfer. Artia, Prag.

STEBBING, E. P. (1977): Indian Forest Insects of Economic Importance – Coleoptera. J. K. Jain Brothers, Bhopal, Indien.

WEBB, A. & W. (1987): Breedig Live Food for Reptiles and Tarantulas. Fitzgerald Publishing, London.

WILLIAMS, F. X. (1942): *Ampulex compressa* – A Cockroach-hunting wasp, introduced from new Caledonia into Hawaii. Proc. Haw. Ent. Soc., Vol. XI, no. 2.

WOOTEN, R. C., CRAWFORD, C. S. (1974): Respiratory Metabolism of the Desert Millipede *Orthoporus ornatus* (Girard) (Diplopoda). Oecologia (Berl.), 17, 179–186, Springer-Verlag, Berlin.

– (1975): Food, Ingestion Rates, and Assimilation in the Desert Millipede *Orthoporus ornatus* (Girard) (Diplopoda). Oecologia (Berl.), 20, 231–236, Springer-Verlag, Berlin.

WYNIGER (1974): Insektenzucht. Verlag Eugen Ulmer, Stuttgart.

YOUNG, A. M., MUYSHONDT, A. (1985): Notes on *Caligo memnon* Felder and *Caligo atreus* Kollar (Lepidoptera: Nymphalidae: Brassolinae) in Costa Rica and El Salvador. Journal of Research on the Lepidoptera, 24(2), 154–175.

ZISSLER, D. (1980): Baupläne der Tiere – eine funktionelle Morphologie. Herder, Freiburg im Breisgau.

Namensverzeichnis

deutsch – englisch

Afrikanischer Rosenkäfer	Kongo Chafer
Afrikanischer Waldskorpion, Kaiserskorpion	Imperial Scorpion, Imperior
Amerikanische Schabe	American Cockroach
Blumenkäfer	Flamboyant Flower Beetle
Blumenmantis, Gottesanbeterin	Target Mantis
Caligofalter	Giant Owl Butterfly
Flechtenstabheuschrecke	The Javanese Lichen Stick, The Mossy Lichen Stick
Florida-Schnurfüßer	Florida Milliped
Geflügelte Stabheuschrecke	The Pink-Winged Stick
Gemeiner Mittelmeerskorpion	The Common Yellow
Goliathkäfer	Goliath Beetle
Gottesanbeterin	Praying Mantis
Grabwespe	Cockroach-Hunting Wesp
Großer Mehlkäfer	Giant Mealworm
Großes Wandelndes Blatt	The Giant Leaf Insect
Grüne Guayana-Schrecke	Short-Horned Grasshopper
Herkuleskäfer, Riesennashornkäfer	Hercules Beetle
Indische Stabheuschrecke	The Indien Stick
Indischer Steppenlaufkäfer	Indian Plain Groundbeetle
Julia-Falter	Julia Butterfly
Kleine Stabheuschrecke	Stick Insect
Kraushaarvogelspinne	Curly Haired Tarantula
Langkopfheuschrecke	Proscopiid Short-Horned Grasshopper
Madagassische Riesenschabe, Madagassische Fauchschabe	Madagascan Hissing Cockroach

Milchkrautwanze	Milkweed Bug
Mittelmeerskolopender, Gürtelskolopender	Centipede, Scolopendra
Nashornkäfer	Rhinoceros Beetle
Nordamerikanischer Nashornkäfer	Eastern Hercules Beetle
Opuntienspinne	Orb-Weaver
Ostafrikanische Höhlengrille	East African Cave Cricket
Passionsblumenfalter	Postman
Regenbogenschrecke	Eastern Lubber Grashopper
Riesenblatt-Gespenstheuschrecke	Malaysian Giant Leaf Insect
Riesen-Gespenstheuschrecke	Macleay's Spectre, New Guinea Walking Stick
Riesenskolopender	Giant Scolopendra, Giant Centipede
Riesen-Stabheuschrecke	The Goliath Stick
Riesenvogelspinne	Giant Tarantula
Roter Madagassischer Schnurfüßer	Red Madagascan Millipede
Rotknievogelspinne	Rusty-Kneed Tarantula
Sahara-Dickschwanzskorpion	The Fat Tailed Scorpion
Schaumschrecke	Pyrgomorphid Short-horned Grasshopper
Schwalbenschwanz	Common Mormon
Schwarzkäfer	Cellar Beetle, Churchyard Beetle
Seidenspinne	Golden Silk Spider
Spitzkäfer	Darkling Ground Beetles
Stabheuschrecke	The Annam Stick, The Trinidad Log Insect, Stick Insect
Steppen-Wanderheuschrecke	Migratory Locust
Südeuropäische Grille, Zweifleckgrille	Mediterranean Cricket
Totenkäfer	Churchyard Beetle
Totenkopfschabe, Riesenwaldschabe	Deaths-Head Cockroach
Tropischer Rosenkäfer	Rose Chafer
Tropischer Schildkäfer	Sweet Potato Beetles, Tortoise Beetles

Wandelnder Ast	Malaysian Giant Walking Stick
Wandelnder Stab	Walking Stick
Wandelndes Blatt	The Javanese Leaf Insect, Walking Leaf Insect
Westasiatischer Steppenlaufkäfer	Westasian Plain Groundbeetle
Wüsten-Schnurfüßer	Sonoran Millipede, Desert Millipede
Wüsten-Wanderheuschrecke	Desert Locust
Zweifleckraubwanze	Assassin Bug
Zweigestreifter wandelnder Stab	The Twostriped Walking Stick, The Florida Stick, The Georgia Stick

englisch – deutsch

American Cockroach	Amerikanische Schabe
Assassin Bug	Zweifleckraubwanze
Cellar Beetle, Churchyard Beetle	Schwarzkäfer, Totenkäfer
Centipede, Scolopendra	Mittelmeerskolopender, Gürtelskolopender
Cockroach-Hunting Wasp	Grabwespe
Congo Chafer	Kongo Rosenkäfer
Curly Haired Tarantula	Kraushaarvogelspinne
Deaths-Head Cockroach	Totenkopfschabe, Riesenwaldschabe
Desert Locust	Wüsten-Wanderheuschrecke
East African Cave Cricket	Ostafrikanische Höhlengrille
Eastern Hercules Beetle	Nordamerikanischer Nashornkäfer
Flamboyant Flower Beetle	Blumenkäfer
Florida Milliped	Florida-Schnurfüßer
Giant Mealworm	Großer Mehlkäfer
Giant Scolopendra, Giant Centipede	Riesenskolopender
Giant Tarantula	Riesenvogelspinne

Golden Silk Spider	Seidenspinne
Goliath Beetle	Goliathkäfer
Hercules Beetle	Herkuleskäfer, Riesennashornkäfer
Imperial Scorpion, Imperior	Afrikanischer Waldskorpion, Kaiserskorpion
Julia Butterfly	Julia-Falter
Macleay's Spectre	Riesen-Gespenstheuschrecke
Madagascan Hissing Cockroach	Madagassiche Riesenschabe, Madagassische Fauchschabe
Malaysian Giant Leaf Insect	Riesen-Blattgespenstheuschrecke
Malaysian Giant Walking Stick	Wandelnder Ast
Mediterranean Cricket	Südeuropäische Grille, Zweifleckgrille
Migratory Locust	Steppen-Wanderheuschrecke
Milkweed Bug	Milchkrautwanze
New Guinea Walking Stick	Riesen-Gespenstheuschrecke
Orb-Weaver	Opuntienspinne
Postman	Passionsblumenfalter
Praying Mantis	Gottesanbeterin
Proscopiid Short-Horned Grasshopper	Langkopfheuschrecke
Pyrgomorphid Short-Horned Grasshopper	Schaumschrecke
Red Madagascan Millipede	Roter Madagassischer Schnurfüßer
Rhinoceros Beetle	Nashornkäfer
Rose Chafer	Tropischer Rosenkäfer
Rusty-Kneed Tarantula	Rotknievogelspinne
Short-Horned Grasshopper	Grüne Guayana-Schrecke
Stick Insect	Riesenstabschrecke, Kleine Stabheuschrecke, Stabheuschrecke
Sweet Potato Beetle, Tortoise Beetle	Tropischer Schildkäfer

Target Mantis	Blumenmantis, Gottesanbeterin
The Annam Stick	Stabheuschrecke
The Common Yellow	Gemeiner Mittelmeerskorpion
The Giant Leaf Insect	Großes Wandelndes Blatt
The Goliath Stick	Riesen-Stabheuschrecke
The Javanese Leaf Insect	Wandelndes Blatt
The Javanese Lichen Stick, The Mossy Lichen Stick	Flechten-Stabheuschrecke
The Trinidad Log Insect	Stabheuschrecke
The Twostriped Walking Stick, The Florida Stick, The Georgia Stick	Zweigestreifter wandelnder Stab
Westasian Plain Groundbeetle	Westasiatischer Steppenlaufkäfer

Was ein Insektenkundler noch wissen sollte

Gut laufende Gliederfüßerzuchten produzieren immer Überschuß. Die öffentlichen Insektarien in Deutschland geben diesen Überschuß entweder im Tausch oder gegen Entgelt an Interessenten ab. Die Mitarbeiter an den Insektarien sind außerdem bereit, Ratschläge zur Haltung und Zucht auf Anfrage zu erteilen. In Deutschland gibt es folgende **Insektarien**:

Löbbecke-Museum + Aquazoo, Postfach 11 20, 4000 Düsseldorf 1, Nordrhein-Westfalen.

Zoologischer Garten Köln, Riehler Str. 173, 5000 Köln 60, Nordrhein-Westfalen.

Museum für Naturkunde, Theaterplatz 1, O-9061 Chemnitz, Sachsen.

Wilhelma, Zoologischer und Botanischer Garten, Postfach 50 12 27, Stuttgart 50, Baden-Württemberg.

Zoologischer Garten und Aquarium, Hardenbergplatz 8, Berlin 30.

In Deutschland gibt es zahlreiche **Entomologische Vereine** und Gesellschaften. Es sollen hier willkürlich nur einige der ältesten Vereine genannt werden, in denen sich auch an tropischen Gliederfüßern interessierte Laien organisieren können, und die auch eine Vereinszeitschrift herausgeben, sowie Tagungen abhalten:

Deutsche Gesellschaft für allgemeine und angewandte Entomologie e. V. (früher Deutsche Entomologische Gesellschaft), Anschrift ändert sich mit der Zusammensetzung des Vorstandes (Vereinsregister Gießen).

Entomologische Gesellschaft Düsseldorf e. V., gegr. 1866, Löbbecke-Museum + Aquazoo, Postfach 11 20, Düsseldorf 1, Nordrhein-Westfalen.

Entomologischer Verein Apollo e. V., gegr. 1897, Frankfurt am Main, Hessen, Anschrift ändert sich mit der Zusammensetzung des Vorstandes (Vereinsregister Frankfurt/Main).

Entomologischer Verein Stuttgart 1869 e. V., Staatliches Museum für Naturkunde, Rosenstein 1, 7000 Stuttgart 1, Baden-Württemberg.

Internationaler Entomologischer Verein e. V. Frankfurt a. M., gegr. 1884, Museum Wiesbaden, Friedrich-Ebert-Allee 2, 6200 Wiesbaden, Hessen.

Münchner Entomologische Gesellschaft, Zoologische Staatssammlung München, Münchhausenstr. 21, 8000 München, Bayern.

Wichtig für den Laienentomologen ist auch eine unabhängige insektenkundliche Zeitschrift, die auch Zubehör für Haltung und Zucht von Gliederfüßern inseriert, außerdem werden darin auch lebende Gliederfüßer zum Tausch oder Kauf angeboten.

Entomologische Zeitschrift mit Insektenbörse

Herausgeber und Redaktion: Dr. Ernst Schröder, Senckenberg-Museum, Senckenberganlage 25, 6000 Frankfurt/Main 1

Register

Geckos. Von Friedrich-Wilhelm Henkel und Wolfgang Schmidt. 224 Seiten mit 98 Farbfotos und 22 Zeichnungen. Pp. DM 88,–. Das umfangreiche Buch → **gewährt einen genauen Einblick in diese vielseitige Tierfamilie.** Im ersten Teil stellt es die biologischen Besonderheiten dar, der zweite Teil gibt ausführliche Hinweise zur Haltung und Zucht.

Schlangen im Terrarium. Von Ludwig Trutnau. Band 1: Ungiftige Schlangen. 3., überarbeitete und erweiterte Auflage. 256 Seiten mit 87 Farbfotos. Pp. DM 58,–. Band 2: Giftschlangen. 3., neubearbeitete und erweiterte Auflage. 271 Seiten mit 90 Farbfotos. Pp. DM 58,–. Zahlreiche bisher unbekannte Schlangenarten wurden in den letzten Jahren nach Europa importiert. In dem jeweils erweiterten und neubearbeiteten zweibändigen Werk, wurde die Beschreibung dieser Arten, → **wichtige Ergänzungen über Verbreitung, Biotope und Verhalten** sowie jüngste Erfahrungen zu Pflege und Nachzucht mit aufgenommen.

Schildkröten. Von Gerhard Müller. 214 Seiten mit 76 Farbfotos und 28 Zeichnungen. Pp. mit Schutzumschlag DM 68,–. Der Autor bietet eingehende Beschreibungen der charakteristischen Kennzeichen und berichtet weiterhin über Vorkommen und Lebensweise von über 200 Arten und Unterarten. Hinzu kommt eine → **umfassende Darstellung unterschiedlicher Terrarientypen** sowie die Haltung und Zucht von Schildkröten.

Salamander und Molche. Von Kurt Rimpp. 2., verbesserte Auflage. 205 Seiten mit 32 Farbfotos und 150 Verbreitungskarten. Kst. DM 42,–. Aufgrund umfassender Beschreibung von 200 Arten erfährt der Leser → **alles Wissenwerte über Kennzeichen, Verbreitung, Lebensraum und Zucht** dieser noch wenig bekannten Schwanzlurche.

Pfeilgiftfrösche. Von Ralf Heselhaus. 2., überarbeitete und ergänzte Auflage. 99 Seiten mit 65 Farbfotos und 3 Zeichnungen. Kt. DM 38,–. Der vorliegende Band behandelt rund 50 Arten und damit → **alle terraristisch wichtigen Pfeilgiftfrösche.** Die Pflege und Zucht wird aufgrund neuester Erfahrungen dargestellt.

Vogelspinnen im Terrarium. Von Peter Klaas. 148 Seiten mit 123 Farbfotos und 4 Zeichnungen. Pp. DM 78,–. Dieses Buch gibt einen detaillierten Einblick in die geeigneten Arten für die Terrarienhaltung und stellt die Lebensweise der Vogelspinnen vor. Der Leser erhält → **viele praktische Hinweise zur Haltung und Zucht** dieser faszinierenden Tiere.

E.U.
VERLAG
EUGEN
ULMER